A sujeição das mulheres

CB054801

Dados Internacionais de Catalogação na Publicação (CIP)
(Câmara Brasileira do Livro, SP, Brasil)

Mill, John Stuart, 1806-1873
A sujeição das mulheres / John Stuart Mill ; tradução de Karen Clavery Macedo – Petrópolis, RJ : Vozes, 2021. – (Coleção Vozes de Bolso)

Título original : The subjection of women

ISBN 978-65-5713-141-1

1. Direitos das mulheres 2. Igualdade 3. Mulheres – Condições sociais 4. Mulheres – História – Século 19 I. Título. II. Série.

21-62353 CDD-305.4092

Índices para catálogo sistemático:

1. Mulheres : História : Século 19 : Sociologia 305.4092

Cibele Maria Dias – Bibliotecária – CRB-8/9427

John Stuart Mill

A sujeição das mulheres

Tradução de Karen Clavery Macedo

Vozes de Bolso

Trradução realizada a partir do original em inglês intitulado
The Subjection of Women

© desta tradução:
2021, Editora Vozes Ltda.
Rua Frei Luís, 100
25689-900 Petrópolis, RJ
www.vozes.com.br
Brasil

Todos os direitos reservados. Nenhuma parte desta obra poderá ser reproduzida ou transmitida por qualquer forma e/ou quaisquer meios (eletrônico ou mecânico, incluindo fotocópia e gravação) ou arquivada em qualquer sistema ou banco de dados sem permissão escrita da editora.

CONSELHO EDITORIAL

Diretor
Gilberto Gonçalves Garcia

Editores
Aline dos Santos Carneiro
Edrian Josué Pasini
Marilac Loraine Oleniki
Welder Lancieri Marchini

Conselheiros
Francisco Morás
Ludovico Garmus
Teobaldo Heidemann
Volney J. Berkenbrock

Secretário executivo
João Batista Kreuch

Editoração: Leonardo A.R.T. dos Santos
Diagramação: Sheilandre Desenv. Gráfico
Revisão gráfica: Nilton Braz da Rocha / Fernando S. O. da Rocha
Capa: Ygor Moretti

ISBN 978-65-5713-141-1

Editado conforme o novo acordo ortográfico.

Este livro foi composto e impresso pela Editora Vozes Ltda.

Sumário

Introdução, 7

Elaborada pelo editor em 1905

Capítulo 1, 45

O domínio das mulheres pelos homens é fundado na força bruta e no sentimento impensado.

Capítulo 2, 85

A injustiça e os efeitos maléficos da desigualdade legal no casamento.

Capítulo 3, 114

As funções políticas e outras oportunidades favoráveis à originalidade intelectual são monopolizadas pelos homens.

Capítulo 4, 159

Os prováveis benefícios de conceder às mulheres igualdade de oportunidades com os homens.

Índice onomástico, 193

Introdução

S.C.

Seção 1 – Análise

Na primeira edição[1] de *A sujeição das mulheres* de Mill, o leitor não dispunha de nenhum meio mecânico para auxiliá-lo a analisar o argumento e a manter claramente as principais linhas do pensamento que tinha diante de si. Não havia nenhum índice, nenhum título para os capítulos e nenhuma divisão dos capítulos em seções.

No entanto, a estrutura do ensaio não é de modo algum tão óbvia que o leitor comum possa dispensar recursos desse tipo. Não apenas as transições de parágrafo para parágrafo são quase imperceptíveis, devido à sua suavidade, como os próprios parágrafos são extraordinariamente longos, em muitos casos estendendo-se por várias páginas. Todo o pensamento está em um nível, e o nível é alto, raramente se inclinando para uma instância concreta, narrativa, ou para alusões históricas e literárias. O ensaio é uma ampla extensão de generalizações sobre a natureza humana, princípios universais de caráter e de conduta, e de profecias de longo alcance.

---

1. O ensaio surgiu originalmente em 1869, e está esgotado há muitos anos.

Essas características foram totalmente intencionais por parte de Mill. Seria, portanto, inapropriado para um editor inserir títulos, ou dividir os capítulos em suas principais seções, ou mesmo introduzir notas ao rodapé da página. Eu pretendo, no entanto, alcançar o mesmo fim, oferecendo aqui o argumento em linhas gerais.

Capítulo 1: O domínio das mulheres pelos homens é fundado na força bruta e no sentimento impensado

Parte 1 – § 1-11: O costume universal não fornece nenhuma presunção a favor da subordinação política e social das mulheres

1[2] O meu objetivo é provar que a sujeição legal das mulheres aos homens é errada e que deve dar lugar a uma perfeita igualdade.

2 Defender essa premissa é difícil, porque as objeções à concessão da igualdade às mulheres não se baseiam em argumentos, mas estão enraizadas em sentimentos mais fortes.

3 Também é difícil porque uma utilização universal tolera a sujeição das mulheres.

4 Mas os homens não devem confiar em costumes ou sentimentos universais se for possível demonstrar que estes derivam seu poder das piores partes da natureza humana. É fácil de provar que este é o caso dos sentimentos relativos às deficiências das mulheres.

5 A subordinação legal das mulheres não foi adotada em primeiro lugar porque a comparação e a experiência de outros arranjos sociais provaram que

2. Estes números se referem aos parágrafos do ensaio, não às páginas.

isso seria o melhor para a humanidade. O simples fato físico da força superior dos homens foi convertido em um direito legal e sancionado pela sociedade. Períodos transcorreram antes que os pensadores questionassem a legitimidade da força legalmente aceita. A sujeição das mulheres não repousa hoje em considerações de conveniência social; é a escravidão primitiva que perdura. A única presunção a seu favor, a ser tirada da sua existência, é que ela perdurou até agora.

6 Mas, em geral, a lei do mais forte sobrevive até que o poder físico passe para o outro lado. Agora, os homens ainda mantêm a força superior; e as características peculiares no caso das mulheres são plenamente responsáveis pela sobrevivência da relação bruta para com elas.

7 A verdade dessa afirmação seria evidente por si mesma se as pessoas estivessem conscientes do quão inteiramente em épocas anteriores a lei da força superior prevalecia e era aprovada. Somente quando a pessoa superior, por conveniência, fazia promessas aos inferiores é que começava a reconhecer os direitos deles. Os estoicos foram os primeiros (exceto os judeus) que ensinaram a obrigação moral em relação aos escravos. O cristianismo, apesar de inculcar esse princípio, falhou em induzir os poderosos a renunciar à força. Somente quando os oprimidos obtiveram poder suficiente para se vingar é que a tirania foi contida.

8 Também deve ser lembrado que outros institutos, baseados unicamente na lei da força, perduraram até o nosso tempo – por exemplo, a detenção legal de seres humanos como bens vendáveis. O motivo aqui era um amor indiscutível pelo ganho. Considere também a monarquia absoluta. Agora, o poder dos homens sobre as mulheres não

poderia ser mais permanente do que o dos proprietários de escravos ou reis. Ele gratifica o orgulho, o amor ao poder e o interesse pessoal de todo o sexo masculino. Também não há probabilidade de uma revolta articulada. Cada um dos sujeitos vive em uma intimidade mais próxima com seu dono do que com qualquer uma de suas companheiras.

9 Alguns podem contestar que o governo pelo sexo masculino é natural, enquanto a posse de escravos, a monarquia absoluta e a lei da força são arbitrárias. Mas todas essas formas de tirania têm parecido naturais para aqueles que as sustentam, e mesmo para aqueles que se submetiam [a elas]. O que quer que seja habitual parece natural.

10 Pode-se argumentar que as mulheres aceitam suas deficiências voluntariamente e sem reclamar. Em resposta, deve ser afirmado que muitas mulheres reclamam; e sem dúvida, muitas mais protestariam se não lhes fosse ensinado a reprimir tais aspirações como sendo não femininas. Além disso, é preciso lembrar que nenhuma classe escravizada jamais pediu liberdade completa de uma só vez. Ademais, como as mulheres estão conscientes de que podem ser substituídas sob o poder físico de seus agressores, raramente se valem das leis de proteção existentes.

11 Outra razão pela qual é pouco provável que as mulheres se revoltem coletivamente é que o objeto de ser atraentes para os homens se tornou a estrela polar da educação feminina e da formação do caráter. Agora, se plebeus e servos tivessem sido treinados da mesma maneira para buscar favores pessoais aos olhos de patrícios e senhores, e, quando o favorecimento fosse alcançado, tivessem sido afastados de outros interesses, servos e senhores, plebeus e patrícios teriam sido tão amplamente distinguidos, social e politicamente, como são hoje as mulheres e os homens.

Parte 2 – § 12-25: A história justifica a crença de que as deficiências das mulheres serão eliminadas

12 As tendências do progresso humano oferecem uma forte presunção contra a legitimidade das deficiências das mulheres e justificam a inferência de que essas deficiências desaparecerão.

13 A mensagem do mundo moderno é que os seres humanos são livres para alcançar o que lhes parece mais desejável, em vez de estarem acorrentados àquilo em que nasceram por acaso. Essa visão moderna – adotada somente após repetidos fracassos do método contrário – prevalece quase universalmente nos países mais avançados. Atualmente, acredita-se que a liberdade de escolha individual jogará cada operação social nas mãos dos mais qualificados.

14 Se esse princípio não for verdade, deve ser abandonado de maneira geral. Se for verdade, o fato de ter nascido uma menina não deve proibir uma pessoa de posições e ocupações sociais. Se uma vez em cada dúzia de anos uma mulher estiver em condições de cumprir um determinado cargo, existe uma perda real se ela for impedida: enquanto a exclusão artificial de muitas pessoas inaptas não é um ganho, já que a própria ação da livre-concorrência tende a excluir os incapazes.

15 A sujeição das mulheres é o único caso, com exceção de um, em que o nascimento impede a competição por certas coisas. A outra exceção é que os homens não podem competir pela realeza. Mas isso é mais um caso aparente do que real. Pois a realeza é considerada por todos como uma anomalia no mundo moderno; e é tão delimitada que é pouco mais do que uma potência nominal. O desempenho efetivo da função real está legalmente aberto a todos os cidadãos masculinos adultos.

16 O fato de a subordinação das mulheres ser um legado único de um arruinado mundo

de pensamento e prática suscita uma presunção contra ela.

17 No mínimo deve ser aberta a discussão dos seus méritos, como uma questão de justiça e de oportunidade. Tudo o que se prova pela experiência direta em favor da sujeição das mulheres é que, apesar dessa sujeição, a humanidade avançou para o seu estado atual. Por outro lado, cada avanço social foi acompanhado por alguma melhoria na posição das mulheres.

18 De nada adianta dizer que a natureza dos sexos adapta homens para governar e mulheres para obedecer. Não podemos conhecer a respectiva natureza dos sexos, pois eles não foram vistos em nenhuma outra relação, a não ser em sua presente relação artificial. O que é chamado de natureza das mulheres é o resultado de repressão forçada e de estímulo não natural.

19 Além disso, somos indescritivelmente ignorantes quanto ao que influencia o caráter humano em geral.

20 Antes de podermos saber qual é o caráter peculiar das mulheres, devemos estudar analiticamente as leis da influência das circunstâncias sobre o caráter. Somente as peculiaridades das mulheres que não podem ser explicadas pela educação e pelas circunstâncias externas devem ser atribuídas à sua natureza especial como mulheres.

21 Nem sequer sabemos quais são as reais diferenças mentais entre os sexos agora. É fácil conhecer uma mulher estúpida; a estupidez é sempre a mesma. Mas a vida íntima das mulheres mais intelectuais está fechada para nós. Os homens não estão em uma relação favorável para descobrir a mente das mulheres. As relações amorosas podem revelar uma parte da natureza feminina; mas, correspon-

dentemente, também ocultam outras partes. A maioria dos homens tem a oportunidade de estudar bem apenas o caráter de uma mulher, mas neste caso a sua autoridade impede a perfeita confiança. Porém, compreender uma mulher não é o mesmo que compreender as outras, especialmente aquelas de outros tempos, de outras nações e de outras formações. As próprias mulheres devem ser livres para dizer o que têm a dizer.

22 As condições favoráveis à sua revelação virão apenas gradualmente. As mulheres terão cada vez menos medo de expressar os seus verdadeiros desejos e convicções à medida que a sua posição social se tornar mais independente do favor dos homens. Então também se desenvolverá a sua capacidade de observação e expressão originais.

23 Se os homens tiverem em mente que não conhecem a natureza das mulheres, não se presumirão a ditar às mulheres sua vocação adequada. Felizmente, não é necessário mais conhecimento por parte dos homens, pois, de acordo com os princípios modernos, a questão das vocações das mulheres repousa sobre elas.

24 Uma coisa é certa: dar liberdade à natureza das mulheres nunca pode levá-las a agir de forma contrária à sua natureza. A livre-concorrência induzirá as mulheres a fazerem apenas os serviços para os quais elas são mais procuradas e mais adequadas.

25 Os homens que temem a eliminação das deficiências das mulheres parecem pensar que, se as mulheres fossem livres, evitariam a vocação de esposa e mãe. Mas se essa vocação é natural para elas e, no entanto, elas a evitarão, deve ser que a vocação tenha sido acompanhada de desqualificações que violaram outros lados da natureza feminina. Torne-se a condição de casadas atraente à natureza

delas, e elas terão a certeza de se casar. Se, por outro lado, a lei do casamento deve permanecer uma lei do despotismo, os homens têm o direito de deixar às mulheres apenas a escolha de Hobson. Mas, então, as mulheres nunca deveriam ter sido instruídas. Elas deveriam ter sido educadas para serem empregadas domésticas.

Capítulo 2: A injustiça e os efeitos maléficos da desigualdade legal no casamento

1 Sendo o casamento o destino designado pela sociedade para as mulheres, poder-se-ia supor que teria sido feito o mais atraente possível. Mas a sociedade alcançou o seu fim por meios desonestos. Originalmente as mulheres eram capturadas pela força ou compradas do pai. É verdade que a Igreja exigia um "sim" formal, mas era impossível para a filha recusar, se o pai persistisse, a não ser que emitisse votos monásticos. Antigamente, o homem tinha o poder de vida e morte sobre a esposa. Pelas antigas leis da Inglaterra, o marido era senhor, e o seu assassinato pela esposa era considerado traição mesquinha, para ser vingado por queimadura até a morte. E até hoje a esposa é a serva legal e real do marido em todos os assuntos, sem que haja crime. Ela não pode exigir nenhuma propriedade a não ser para ele; a herança dela se torna dele. Os ricos, por acordos, retiram a propriedade do controle absoluto do marido; mas, mesmo nesses casos, a esposa não é igual a ele em direitos de propriedade. Os dois são "uma pessoa de direito", mas nunca em desvantagem do marido, exceto para responsabilizá-lo perante terceiros por seus atos, como um senhor o é pelos atos de um escravo. As mulheres podem, de fato, ser tratadas melhor do que os escravos; mas quase nenhum escravo é escravo o tempo todo, e nos países cristãos uma escrava tinha o direito de recusar ao seu

senhor a última familiaridade [i. e., o sexo]. Não é bem assim com a esposa. Por mais brutal que seja, seu marido pode reivindicar dela a degradação de se tornar o instrumento de uma função animal contrária à inclinação dela. Quanto aos filhos dela, por lei, são dele. Se ela deixar o marido, não poderá levar os filhos nem qualquer outra coisa que seja dela. Ele pode compeli-la a voltar. Somente a separação legal a habilita a viver à parte. Certamente o único alívio para aqueles a quem nada mais é permitido além da servidão seria a livre-escolha da servidão. Mas nenhuma quantidade de abuso sem adultério adicionado libertará uma esposa na Inglaterra.

2 O tratamento atual das mulheres é melhor do que a sua posição legal. O seu estado de sujeição é mitigado tanto pelos sentimentos como pelos interesses dos homens. Mas não há nenhuma palavra que pode ser dita para o despotismo doméstico que não possa ser dita para o despotismo político. E caso se apele aos apegos intensos das esposas por seus maridos, muito pode ser dito sobre os escravos domésticos. Na verdade, a mais forte gratidão é evocada para aqueles que, tendo o poder de esmagar a existência, voluntariamente se abstêm de usá-la.

3 É também um argumento injusto citar exemplos de submissão amorosa nas esposas e de tolerância generosa nos maridos. Pois a instituição (como tal) do casamento, sendo geral, deve funcionar humanamente no caso de maus maridos. Os homens não são obrigados, como condições preliminares ao casamento, a provar a sua aptidão para exercer autoridade absoluta. Todos os tipos de homens, até os mais nefastos, têm amarrada a si alguma mulher, contra a qual podem cometer qualquer atrocidade, exceto matar, com pouco risco de penalidade legal. Os homens, em outras relações ordenadas (pela razão de que sua agressão seria resis-

tida), se entregam à violência contra uma esposa, porque ela sozinha não pode repelir a brutalidade. Nos homens de natureza média, a sujeição legal da esposa não inspira a tolerância, mas a noção de que a lei a entregou para ser usada conforme queiram. É verdade que a lei fez recentemente fracas tentativas para reprimir os extremos da tirania. Mas até que uma condenação por uma repetição de violência pessoal dê à esposa o direito a pelo menos uma separação judicial, as tentativas de reprimir agressões por penalidades serão derrubadas por falta de um promotor ou de uma testemunha.

4 Sendo muitos homens um pouco mais elevados do que brutos, a miséria humana devida apenas aos casos de casamento com estes se torna terrível. Mais numerosos são os casos de maridos que não são brutos, mas ainda assim mostram apenas toques ocasionais de humanidade. Ainda mais elevados moralmente, mas muito mais frequentes, são os casos de homens que, em outras relações, vivem em paz, mas atormentam aqueles que estão legalmente sujeitos ao seu poder. A verdade é que a natureza humana não é equivalente às tentações da autoridade absoluta. Como resultado, o domínio sobre as esposas pelos maridos é, no que diz respeito ao marido, mais frequentemente uma escola de libertinagem, de prepotência e de autossatisfação, do que uma escola de ternura. A igualdade no casamento não daria margem às propensões malignas dos homens. É verdade que, mesmo agora, mulheres irritáveis e obstinadas podem retaliar. Mas as mulheres amáveis e de espírito elevado se recusarão a usar os instrumentos à sua disposição – os da repreensão. O poder da esposa de ser desagradável estabelece apenas uma contratirania, da qual são vítimas os maridos menos tirânicos.

5 O que realmente modera os efeitos destruidores do poder do marido não são as

lisonjas femininas, mas aquele afeto que cresce com o tempo, os interesses comuns, a importância da esposa para o conforto diário, a identificação do marido com sua esposa e a influência que ela ganha sobre ele por estar continuamente perto dele. Por esses meios a esposa pode ganhar uma influência excessiva e prejudicial. Mas o poder não é uma compensação pela perda de liberdade. Os maridos mais bondosos são frequentemente piorados pela influência da esposa, porque ela pode exercê-la em esferas que ela não entende.

6 Por vezes argumenta-se que uma pessoa deve ser o chefe da família.

7 Mas muitas parcerias de negócios não têm um chefe, e não parecem precisar de um. Nenhuma desigualdade teórica pode ser desejável em parcerias de negócios. Ainda menos no casamento.

8 Muitas vezes é verdade que, em assuntos que necessitam de uma decisão, uma pessoa deve ter o poder exclusivo. Mas não precisa ser sempre a mesma pessoa. É necessário que haja uma divisão de poderes, que pode ser alterada com o consentimento de ambas as pessoas. Deixe-se a capacidade individual determinar a divisão. Surgiriam dificuldades nessa questão apenas quando o casamento fosse totalmente um erro.

9 O fato de o marido ser geralmente o mais velho lhe dará a preponderância da autoridade, pelo menos até que a diferença de idade não tenha importância. Além disso, quem trouxer os meios de apoio terá, por esse motivo, maior influência. A superioridade mental também vai dizer muito. Mesmo agora é assim. Mas a situação é dificultada pela lei, pois seja o que for que o marido conceda, ele pode, por sua própria satisfação, retirar.

10 Pode-se argumentar que as esposas nunca cederiam em nada, a não ser que pudessem ser obrigadas a ceder em tudo. Isso costumava ser dito. Hoje em dia, porém, nos dizem que as mulheres são mais autossacrificadas do que os homens. Elas são certamente ensinadas a ser assim. Mas, quando têm direitos iguais, sua natureza pode provar o contrário. E os homens terão a certeza de serem mais autossacrificados quando deixarem de ser uma classe privilegiada.

11 Algumas mulheres, reconheço, não ficariam satisfeitas com a mera igualdade de direitos; mas a presente lei incentiva tais naturezas; não permitindo às mulheres nenhum direito, declara que elas têm direito ao que podem conseguir.

12 A igualdade legal, além de ser a única relação justa para o marido e a mulher, é a única maneira de tornar a família uma escola de cultivo moral. Somente a sociedade entre iguais treina o sentimento moral. Tivemos a moralidade da submissão e a do cavalheirismo; mas agora chegou a hora da moralidade da justiça. A civilização romana e o cristianismo simplesmente declararam as reivindicações humanas como primordiais com as do sexo, da classe e da posição. Então as conquistas do norte obliteraram esse reconhecimento. Mas, agora, novamente a justiça entre iguais está se tornando a virtude primária; e no futuro deve ser fundamentada não na autoproteção, mas na associação solidária. O casamento justamente constituído se tornará a escola das virtudes da liberdade.

13 Admito que muitas pessoas casadas vivem agora em um espírito de igualdade. Mas tais pessoas não devem concluir que as leis atuais, que não lhes causam danos, não produzem assim danos a outros, e que provavelmente fazem o bem. Quanto menos apto é um homem para o poder, mais ele exerce ao máximo os seus direitos legais. A

escravidão legal das mulheres faz com que homens brutais das classes mais baixas sintam desprezo por suas esposas.

14 Se for dito que o cristianismo impõe obediência aos maridos, pode ser dada a resposta de que a injunção de São Paulo, "Esposas, obedecei aos vossos maridos", não implica a sua aprovação da sujeição legal das mulheres. Se for assim, então a sua ordem, "Escravos, obedecei aos vossos senhores", implica a aprovação da escravidão. Mas insistir na submissão às leis existentes não é aprovar essas leis. Talvez seja correto obedecer às leis enquanto elas durarem, e mesmo assim trabalhar pela abolição das leis. O cristianismo tem sido a religião das nações progressistas porque, mesmo quando não visa mudar as leis existentes, não impede sua mudança.

15 No que diz respeito à questão especial dos direitos de propriedade das mulheres, decorre dos princípios gerais que eu tenho defendido, de que a sua herança ou ganhos devem ser próprios tanto antes quanto depois do casamento. Que haja comunhão de bens apenas enquanto houver unidade de sentimento.

16 Os direitos de propriedade podem ser facilmente concedidos às esposas sem interferir em outros danos. Tais direitos já foram concedidos em muitos estados da América. Onde não há propriedade e o marido ganha a renda familiar, a esposa que supervisiona sua casa faz a sua parte inteira em uma justa divisão do trabalho. Se a esposa, além de gerar e criar os filhos e cuidar do lar, ganha a renda, é provável que os filhos e o lar sofram. Em um estado injusto de coisas, a mulher pode ser assim tão obrigada; mas o acordo permite ao marido abusar ainda mais de seu poder. O poder de ganho é essencial para a dignidade de uma mulher. Mas se o casamento fosse um contrato de igualdade, se uma separação em termos justos pudesse ser obtida,

e se a mulher pudesse então encontrar todos os empregos abertos, não haveria necessidade de ela realmente receber salário durante o casamento.

Capítulo 3: As funções políticas e outras oportunidades favoráveis à originalidade intelectual são monopolizadas pelos homens

1 O objetivo de excluir as mulheres da vida política e das ocupações lucrativas parece ser o de perpetuar sua subordinação na vida doméstica. Exceto pela cegueira moral devida a esse motivo, todos hoje veriam a injustiça de excluir metade da raça humana dos empregos benéficos legalmente abertos relacionada aos homens mais baixos. Essa exclusão costumava ser justificada com base no interesse da sociedade – isto é, dos homens; agora é com base na incapacidade mental e na inaptidão das mulheres. No entanto, para tornar esse motivo plausível, seria necessário sustentar que as mulheres mais eminentes são inferiores aos homens medíocres. Pois só assim a concorrência evitaria que qualquer emprego recaísse para as mulheres. Mas nenhum depreciador das mulheres negará que muitas mulheres são capazes de fazer louvavelmente tudo o que os homens fazem. Não é então um prejuízo para a sociedade não lhes permitir competir? E isso será apenas para lhes recusar uma parte justa de honra e lhes negar o direito de escolherem a sua ocupação por sua própria conta e risco?

2 Limitarei a minha consideração a funções de caráter público. Em primeiro lugar, quanto ao sufrágio. As pessoas que não podem conduzir o governo poderiam ter o direito de escolher os governadores. O voto é um meio de autoproteção; e quaisquer que sejam as garantias necessárias no caso dos homens para evitar um mau uso do voto evitariam

que as mulheres o utilizassem indevidamente. E quando os interesses das mulheres diferem dos dos homens, as mulheres requerem especialmente o sufrágio como garantia de justa consideração. Até os escravos requerem proteção legal, mas eles têm pouca consideração onde os senhores fazem as leis.

3 A aptidão das mulheres não precisa ser discutida; já que o sistema que exclui os homens inaptos excluirá as mulheres inaptas, e aquele que não exclui os homens inaptos não será pior se entre os inaptos que aspiram ao poder estiverem tanto as mulheres quanto os homens. Se, no entanto, apenas algumas mulheres são aptas, a utilidade social exige que a porta não seja fechada para elas.

4 Consideremos apenas a capacidade que as mulheres já demonstraram. O que elas não conseguiram alcançar não é prova contra a sua capacidade, uma vez que são treinadas longe das, e não para as ocupações reservadas para os homens. Mas o que, apesar disso, elas conseguiram, é evidência conclusiva a seu favor. Que uma mulher pode ser uma Rainha Elizabeth ou Joana D'Arc é um fato. Mas carreiras semelhantes às delas são legalmente proibidas para a maioria das mulheres.

5 A experiência indicaria que as mulheres são peculiarmente aptas para o governo político. Alguns tentaram transformar essa verdade histórica em um insulto, dizendo que sob reis as mulheres governam, mas sob rainhas, os homens governam.

6 Uma investigação detalhada do governo de reis e rainhas prova a falsidade dessa teoria.

7 As únicas mulheres que foram permitidas ao mesmo alcance que os homens têm sido as damas das famílias reinantes. Se as mulheres de nascença principesca tiveram capacidade política, será que as mulheres de outras classes serão consi-

deradas incapazes nas funções políticas agora reservadas aos seus irmãos e maridos? Não!

8 O fato histórico está de acordo com as melhores generalizações sobre as aptidões das mulheres. Essas aptidões podem ser o produto meramente das circunstâncias; mas, quer assim seja ou não, entre elas está o tato, ou uma inclinação para a prática – uma visão do fato presente. Quando as mulheres estão tão bem-informadas quanto os homens, elas compreendem melhor a situação imediata. As mulheres erram na prática por falta de experiência e de conhecimentos gerais, mais do que por incapacidade de utilizar o conhecimento.

9 A tendência das mulheres de lidar com as coisas como indivíduos, e não como partes de um grupo, e o seu interesse mais vivo pelos sentimentos atuais das pessoas, serviria na política como um corretivo à responsabilidade dos homens de supervalorizarem meras abstrações.

10 Essas características são auxílios valiosos não apenas para as generalizações sensatas, mas também para a aplicação prática de princípios. As mulheres geralmente lidam com cada caso com base nos seus próprios méritos. Outra superioridade das mulheres inteligentes é a maior rapidez de apreensão. Isso também as faz começar a agir.

11 Se pode ser objetado que a maior suscetibilidade nervosa das mulheres as torna muito mutáveis, deve-se lembrar que essa extrema suscetibilidade cessaria em grande parte quando suas energias nervosas fossem direcionadas para fins definitivos. Mas a sensibilidade extrema não incapacita os homens para um trabalho eficiente. Os temperamentos nervosos são muitas vezes capazes de entusiasmo sustentado, constância e liderança executiva. Um sentimento forte pode ser transformado em um

instrumento de autocontrole. Raças nervosas como os franceses não têm sido menores na ciência, nos negócios, no direito e na guerra.

12 A capacidade de passar rapidamente de um assunto para outro sem deixar a fonte do intelecto enfraquecer é um dom mais valioso do que a concentração sustentada em um assunto, e é possuída preponderantemente pelas mulheres. Elas têm isso por treino, e possivelmente por natureza.

13 Às vezes é apresentado como argumento contra o direito das mulheres de competir com os homens que o seu cérebro é menor. Mas esse fato em si é duvidoso; e a relação entre o cérebro e o poder intelectual é um assunto de desacordo. Provavelmente o tamanho do cérebro não é indiferente ao seu funcionamento. Mas o tamanho não é o único fator. A qualidade conta, assim como a quantidade; e a delicadeza do trabalho das mulheres aponta para o refinamento da qualidade. As mulheres também podem ter vantagem sobre os homens em atividade de circulação cerebral. O cérebro de uma mulher, se mais cedo se cansar, pode se recuperar mais rapidamente.

14 As ideias populares sobre a natureza da mulher variam em diferentes países, conforme as circunstâncias estimularam um ou outro lado da natureza da mulher. Mas essas diferenças devem ser atribuídas às circunstâncias, não a uma peculiaridade da natureza da mulher. A Inglaterra é o país menos favorável para o estudo da natureza humana, pois na Inglaterra, mais do que em qualquer outro lugar, as pessoas não só agem, como se sentem de acordo com as regras.

15 Não se pode saber agora o quanto a diferença mental real entre homens e mulheres é artificial. Mas podemos conjecturar, traçando as consequências mentais das influências externas.

16 Por exemplo, podemos identificar a influências externas o fato de que nenhuma produção em filosofia, ciência ou arte, com direito ao primeiro lugar, tenha sido obra de uma mulher?

17 Observamos, em primeiro lugar, que apenas três gerações passaram desde que as mulheres, em qualquer número, tentaram a sua capacidade nessas direções. Três gerações não são tempo suficiente. Na literatura as mulheres conseguiram o máximo que se podia esperar do tempo e do número de concorrentes, partindo do princípio de que são iguais aos homens.

18 Mas as mulheres nunca produziram nenhuma daquelas ideias que formam uma era no pensamento, ou aquelas concepções que fundaram novas escolas.

19 Deve-se lembrar, no entanto, que nos tempos em que o conhecimento especializado não era um pré-requisito para a produção de obras de alta originalidade, as mulheres não se preocupavam com a especulação. Desde então, a originalidade não tem sido possível, exceto para as mentes que passaram por uma disciplina elaborada. As mulheres não passaram pela preparação necessária. Até que elas façam isso, a experiência não pode testemunhar o seu poder de originalidade.

20 Mesmo quando as mulheres tiveram originalidade, os seus pensamentos bem-sucedidos foram perdidos por falta de um amigo para desenvolvê-los ou publicá-los. Ou as suas ideias apareceram como ideias de algum homem.

21 Na literatura propriamente dita e nas belas-artes, é um infortúnio a mulher não ter entrado no campo até que, após modelos elaborados, dominou a imaginação e desafiou a imitação por todos, exceto por aqueles gênios que ainda são maiores do que os que existiam no passado.

22 É verdade que a opinião não excluiu as mulheres das belas-artes. Mas espera-se que as mulheres sejam apenas amadoras. Para ser justo, devemos comparar as produções das mulheres apenas com as dos homens que não são profissionais. As poucas mulheres profissionais que são artistas mostram tanta originalidade quanto se poderia esperar dos homens sob as mesmas circunstâncias. Além disso, as belas-artes hoje não atraem homens da mais alta originalidade; pela mesma razão, não atrairiam mulheres de igual poder. Atualmente o gênio flui em outras direções. A música talvez seja uma exceção; mas apenas a Alemanha e a Itália produziram grandes compositores, e nesses países as mulheres são menos cultivadas em qualquer uma das faculdades superiores da mente.

23 Também é preciso lembrar que as mulheres não tiveram tempo para se tornarem tão proficientes quanto os homens nas atividades que são abertas a ambos. A superintendência de uma família e os "deveres sociais" as preocupavam.

24 Depois, também, as produções que imortalizaram um nome foram geralmente inspiradas pelo desejo de celebridade. Atualmente, as mulheres raramente anseiam pela fama. Essa característica é o resultado natural das suas circunstâncias. Os objetos que a fama traz aos homens foram fechados às mulheres. A sociedade também concentrou os interesses de uma mulher sobre as impressões que ela faz sobre aqueles que entram em sua vida diária. Essa disciplina social das mulheres é suficiente para explicar, por si só, todas as diferenças aparentes entre as mulheres e os homens.

25 Quanto às diferenças morais, as mulheres são declaradas melhores do que os homens. Mas é a ordem estabelecida neste caso – a de que o melhor deve obedecer ao pior. Talvez o po-

der corrompa moralmente os homens mais do que a servidão degrada as mulheres. Aponta-se que raramente as mulheres são submetidas à lei penal; mas aqueles que estão sob o controle de outras pessoas não podem cometer crimes.

26 Embora declaradas como moralmente superiores, as mulheres são, ainda assim, consideradas mais suscetíveis a preconceitos morais devido a simpatias. Falta uma prova para essa generalização. Mas se as mulheres são enganadas pela consideração pelos outros, os homens são enganados pela consideração por si próprios. A sociedade também inculca no dever das mulheres apenas as suas conexões imediatas.

27 Se as mulheres não se queixam, nenhum argumento contra a sua sujeição irá alguma vez desafiar a atenção dos homens. Mas isso não torna a sujeição das mulheres menos injusta. E não admira que elas geralmente não se queixem do poder dos maridos. Uma mulher que se junta a qualquer movimento que seu marido desaprova faz de si mesma uma mártir. Consequentemente, não se pode esperar que as mulheres se dediquem à emancipação das mulheres até que os homens estejam preparados para se juntarem a elas nesse projeto.

Capítulo 4: Os prováveis benefícios de conceder às mulheres igualdade de oportunidades com os homens

1 De que adiantará se as mulheres forem libertadas?

2 Os males agora causados pela sujeição de mulheres individuais a homens individuais são demasiado terríveis para serem negligenciados. Enquanto o poder legal for concedido aos homens, tanto aos maus quanto aos bons, haverá abuso de poder.

3 Em relação à abertura de todos os empregos às mulheres, muitas pessoas precisam ser informadas sobre as vantagens que surgirão.

4 (1) O primeiro grande ganho será que os homens deixarão de ser artificialmente estimulados a uma autopreferência injusta. O efeito de excluir as mulheres desmoraliza os homens, especialmente aqueles que não são educados e não têm uma nobre inclinação. A distinção imerecida sempre inspira o pior tipo com orgulho. Ser elevado acima de todo o outro sexo e ter autoridade sobre um indivíduo dentre eles age sobre homens comuns como uma academia para treinamento em arrogância.

5 Essa academia de treinamento em arrogância é a fortaleza da injustiça social. O princípio da verdadeira moral e da política é que somente a conduta tem direito ao respeito - que o mérito, não o nascimento, é a única reivindicação legítima de autoridade. Mas todo menino é agora treinado, pela subordinação do outro sexo, em contradição com esse princípio. Até que esse treinamento seja abolido, o princípio do direito igual para os fracos não consegue obter a posse dos sentimentos dos homens.

6 (2) A segunda vantagem será a duplicação da massa das faculdades mentais disponíveis para o serviço da sociedade. Existe uma grande deficiência de pessoas competentes. Isso seria parcialmente resolvido abrindo todas as ocupações para as mulheres. O poder mental delas, embora não esteja totalmente perdido, é em grande parte desperdiçado. A livre-competição também estimularia o intelecto dos homens, aumentando assim o seu poder disponível.

7 A igualdade de oportunidades para as mulheres causaria uma melhoria na sua educação, e o seu poder se desenvolveria em ritmo igual ao dos homens. As mulheres seriam treinadas para

entender assuntos de todo tipo. Além disso, a mera consciência que uma mulher teria de si mesma como ser humano, com direito a escolher as suas ocupações, ampliaria imensamente as faculdades e os sentimentos morais das mulheres.

8 (3) Então a opinião das mulheres seria mais benéfica, e não simplesmente mais influente, do que agora. As mulheres têm muita influência nesse momento. Tem sido, por um lado, suavizante e refinador e, por outro, inspirador de coragem. Da combinação da sua influência suavizante e inspiradora surgiu o cavalheirismo, que mistura as qualidades bélicas para com os inimigos com a gentileza, especialmente para com as mulheres, distinguindo-se das outras classes indefesas pelas altas recompensas que poderiam dar àqueles que ganhassem o seu favor.

9 O ideal cavalheiresco ainda deve ser mantido se as mulheres quiserem permanecer em uma situação subordinada. Mas isso é impossível. Os fracos já não dependem das proezas individuais, já que a ocupação principal da sociedade mudou da luta para a indústria. Não é tanto a proeza e a gentileza que agora se exige dos homens, mas a justiça e a prudência. No passado, a principal sanção para a conduta correta era o elogio; mas hoje é o poder de dissuadir do mal. A sociedade torna os fracos seguros sem depender de sentimentos cavalheirescos.

10 No passado, a influência das mulheres costumava ser ruim, porque o seu interesse familiar era mais forte do que a devoção aos princípios da justiça universal. Mas, sob sua atual educação e posição, elas podem ser pouco culpadas disso. Como se poderia esperar que elas encorajassem elementos dos quais não lhes foi permitido aprender a vantagem?

11 Em duas direções as mulheres influenciaram recentemente a opinião pública – contra a guer-

ra e sobre a filantropia. Na filantropia, as suas esferas especiais têm sido o proselitismo religioso e a caridade. Em ambas, elas foram mal-informadas, devido à sua reduzida experiência e educação limitada. Consequentemente, sua influência muitas vezes não foi boa.

12 Deve-se, portanto, inferir que as mulheres apenas precisam ser mais bem educadas e confrontadas com os fatos da vida para poderem exercer uma influência muito mais benéfica sobre a virtude pública.

13 Diz-se que a influência doméstica das mulheres nas classes mais expostas à tentação tende a manter os homens respeitáveis. Isso provavelmente é assim com homens que são mais fracos do que maus; mas a influência teria sido maior sob leis iguais. À medida que ascendemos na escala social, descobrimos que a influência da esposa tende a impedir que o marido fique abaixo do padrão convencional. Mas também o impede de se elevar acima disso. Uma esposa de intelecto inferior é capaz de ser um peso morto sobre cada aspiração dele de ser melhor do que a opinião pública exige que ele seja.

14 Pois ele é suscetível de arriscar o que ela é ensinada a valorizar mais - conforto e consideração social. Quem tem uma esposa deu reféns à Senhora Grundy. A sociedade faz de toda a vida de uma mulher um sacrifício à consideração social. O pior de tudo é quando o homem por acaso carece de uma posição social especial. A esposa é então capaz de pensar que ela poderia entrar na melhor sociedade, se apenas o marido estivesse em conformidade com todas as expectativas convencionais.

15 Tal antagonismo de objetivos entre marido e mulher impede o casamento ideal. Se a diferença atrai, a semelhança de objetivo conserva o afeto. Onde existe conflito em relação aos deveres

mais elevados, não há realidade no casamento. A possibilidade de conflito é muitas vezes eliminada ao reduzir a mente da mulher a uma nulidade. Quando não há diferença de opinião, a divergência de preferência pode permanecer. Se bem-educados, marido e mulher tolerarão o gosto um do outro; mas esse compromisso não é o ideal do casamento.

16 Pode haver diferenças de sentimentos nas melhores circunstâncias; mas atualmente elas são agravadas pela forma como as mulheres são criadas. Uma assimilação constante de interesses e gostos ocorreria se mulheres e homens não fossem instruídos apenas de acordo com padrões incompatíveis. Poderia então haver unidade pelo menos nos grandes objetivos da vida, o que estabeleceria uma base para uma sólida amizade.

17 A mera diferença de boas qualidades pode ser um benefício, mas a inferioridade acentuada de um se deteriora em relação ao outro. O superior inconscientemente absorve os modos de sentir do inferior. A associação dos homens com as mulheres aumenta com a civilização e, consequentemente, se a educação das mulheres permanece inferior, é um mal intelectualmente maior para os homens.

18 O ideal do casamento é uma união em que cada um pode olhar para o outro e cada um liderar e seguir por sua vez. O que quer que impeça essa relação é uma relíquia da barbárie primitiva.

19 Até agora, chama-se a atenção para o aumento do poder mental e a melhoria da associação geral dos homens com as mulheres, que o mundo ganharia com a eliminação das desqualificações sexuais. Mas o benefício mais direto de todos estaria na felicidade privada para a metade libertada das espécies. Depois da comida e das vestimentas, a liberdade é o

primeiro e mais forte desejo da natureza humana. O desejo por isso não diminui à medida que a razão se desenvolve. Nas sociedades mais cultivadas, a liberdade do indivíduo é mais fortemente afirmada.

20 Somos capazes de depreciar a importância da liberdade para os outros; mas cada homem conta uma perda de autoridade sobre si mesmo como a maior de todas as queixas. É o mesmo com as nações. A coragem e o salto que a liberdade dá às faculdades mentais e morais dos homens e das nações daria também às mulheres. Deixe-se um homem lembrar do que ele sentiu, quando jovem, quando foi libertado da tutela dos mais velhos. As mulheres experimentariam o mesmo aumento de felicidade da vida. Em vez disso, a negação de sua liberdade levou as mulheres de mente ativa a buscar poder. Daí também vem a paixão das mulheres pela beleza pessoal, pelo vestuário e pela exibição. Esses desejos em excesso cessarão apenas quando as mulheres forem libertadas.

21 Pensemos também nas mulheres que não têm saída para a sua atividade no cuidado de uma família. Que benefício seria para elas se maiores interesses e ocupações sociais estivessem abertos a elas. Especialmente difícil é a quantidade de mulheres que, tendo criado uma família, permanecem com a atividade inalterada, mas sem emprego para ela. Os únicos recursos que lhes restam são a religião e a caridade. Mas a religião delas, como são excluídas da pregação, não pode ser de ação; enquanto para a caridade muitas não estão aptas nem preparadas. Quando se sugere que deve ser encontrado espaço para as capacidades executivas das mulheres em assuntos de Estado, os amantes do retrato divertido apresentam como resultado meninas na adolescência sentadas no Parlamento ou no Gabinete, ou jo-

vens esposas transportadas para a Câmara dos Comuns. Eles se esquecem de que os homens não são selecionados desde cedo para funções políticas. Se tais possibilidades fossem confiadas a mulheres, seriam aquelas de idade madura que se qualificariam. A essas mulheres é imposta por lei a sentença de condenação a tarefas incompatíveis. Poucas pessoas estão conscientes da atual infelicidade entre as mulheres pelo sentimento de uma vida desperdiçada. Esse mal aumentará enquanto as mulheres forem excluídas de funções políticas e de profissões lucrativas.

22 Essas considerações nos levam a sentir que a principal lição que os seres humanos precisam aprender é a de não acrescentar, por meio de restrições invejosas e preconceituosas uns aos outros, os males que a natureza lhes inflige.

Seção 2 – Mudanças no *status* legal das mulheres desde 1869[3]

Mill faz certas declarações sobre a posição legal das mulheres que eram verdadeiras quando ele as escreveu, mas que hoje não são tão boas – graças em grande parte à sua publicação de *A sujeição das mulheres*.

As principais passagens que descrevem as condições que agora estão obsoletas são as seguintes:

---

3. Pelas informações utilizadas nesta seção, o editor agradece à Sra. Wolstenholme Elmy, ao Sr. J.F. Waley e à falecida Srta. Zona Vallance.

> Em nenhum outro caso (exceto no de uma criança), a pessoa que sofreu um dano, judicialmente comprovado, será colocada novamente sob o poder físico do culpado pelo ato (p. 64)[4].

---

4. Quando Mill escreveu estas palavras, a esposa inglesa não tinha remédio legal, a não ser que fosse suficientemente rica para solicitar ao tribunal de divórcio uma separação judicial. O tribunal do divórcio também não tinha reconhecido até aquele ano a restrição e o confinamento de uma esposa como crueldade legal, dando-lhe direito à separação judicial. Em 1869, Lord Penzance concedeu a uma esposa seu decreto de separação judicial. Nove anos depois, uma medida tornou-se lei, permitindo que uma esposa cujo marido tivesse sido condenado por agressão agravada sobre ela obtivesse uma ordem com o pleno efeito de um decreto de separação judicial, e também a guarda de seus filhos menores de dez anos. Em 1886 foi aprovada a Lei das Mulheres Casadas (sustento em caso de deserção), que permitiu que uma esposa abandonada pelo marido procedesse contra ele a fim de obter uma contribuição para o sustento de seus filhos abandonados e para ela mesma. Nove anos depois, a Lei de Jurisdição Sumária (mulheres casadas), de 1895, alterou a lei anteriormente existente, estabelecendo que qualquer mulher casada cujo marido fosse culpado de crueldade persistente para com ela, ou de negligência intencional em fornecer sustento razoável para ela, ou para seus filhos menores, que ele é legalmente responsável por manter, poderia requerer a um Tribunal de jurisdição sumária uma ordem para viver separada dele: (a) "Com isso ela não estará mais obrigada a viver com seu marido; (b) terá a guarda legal de seus filhos menores de dezesseis anos de idade (ao invés de dez anos, conforme previamente definido); (c) uma quantia de dinheiro não superior a £2 [duas libras] deverá ser paga pelo marido a ela pessoalmente, ou por um funcionário do tribunal, para seu uso. Essas disposições também se aplicam ao caso de uma esposa cujo marido tenha sido sumariamente condenado por agressão agravada contra ela ou que a tenha abandona-

Ela não pode adquirir nenhuma propriedade, a não ser para ele; no instante em que algo se torna dela [...] torna-se dele *ipso facto.* [...] As classes mais altas... ofereceram... vantagem para as suas mulheres,

---

do - os únicos casos contemplados pela lei anteriormente existente - e também (o que era novidade) para o caso de uma esposa cujo marido foi condenado por acusação de agressão, e condenado a pagar multa de mais de £5 [cinco libras] ou mais de dois meses de prisão.

Antes da aprovação dessas medidas corretivas, a esposa não tinha meios de impor ao marido relutante a obrigação de prover à família até mesmo as necessidades mais elementares, exceto ao entrar em casas de caridade com a família, quando os responsáveis poderiam proceder contra ele. Mas até mesmo a lei alterada ainda está viciada por três graves defeitos. (1) O socorro da esposa está absolutamente a critério apenas de magistrados do sexo masculino. (2) Nas novas classes de casos contemplados pela lei, quando o marido negligencia a contribuição para o sustento da esposa e dos filhos, ou trata a esposa com crueldade persistente, a esposa deve ter saído de casa por causa dessa negligência ou dos maus-tratos antes de poder solicitar assistência nos termos da lei. Em uma infinidade de casos, essa disposição coloca um bloqueio efetivo no socorro desejado por quem está sofrendo, pois, a menos que ela encontre amigos para ajudá-la, para onde ela deve ir? (3) Quando o alívio é concedido, a posição da esposa separada é muito cruel, pois, lembre-se, essa pobre mulher não está livre para se casar, e a lei prevê expressamente a quitação da ordem obtida pela esposa como prova de um ato de adultério de sua parte. O que é necessário é uma alteração na lei que permita à esposa, enquanto viver com o marido, impor sua obrigação legal de contribuir para o sustento do que a lei, em qualquer outra relação, chama de família. Tal obrigação legal seria uma educação moral para muitos homens.

Até o momento, não há qualquer provisão equivalente feita pela lei inglesa para o socorro de um marido lesionado de forma semelhante, e há queixas sobre o favoritismo

> por meio de contratos especiais, à margem da lei, na forma de uma pequena quantidade de dinheiro etc. [...] os assentamentos dos ricos [...], retirar a totalidade ou parte da propriedade que a mulher recebe por herança do controle absoluto do marido (p. 87).[5]

---

injusto da esposa pela lei - queixas para as quais a única resposta é que essas medidas corretivas nada mais são do que paliativos em relação à sujeição injusta imposta pela lei da Inglaterra a uma esposa inglesa ao seu marido. A legislação posterior, no entanto, reconheceu a igualdade de direitos do marido em relação à esposa no caso de embriaguez habitual. A seção 5 da Lei de Licenciamento, de 1902, fornece os meios para proteção da esposa ou do marido contra embriaguez habitual, e ainda possibilita a ação, neste caso apenas, a ser tomada enquanto marido e mulher ainda vivem juntos - com dois pontos de diferença: (1) a esposa deve solicitar o pedido sob a Lei de Jurisdição Sumária (mulheres casadas), de 1895, e o marido pela subseção 2 da seção 5 da Lei de Licenciamento, de 1902; (2) o Tribunal "pode, com o consentimento da esposa, ordenar que ele seja internado e detido em qualquer retiro licenciado de acordo com a Lei da Embriaguez, 1879-1900, cujo licenciado esteja disposto a recebê-la". Ao aceitar este afastamento temporário a esposa pode evitar a "ordem de separação".

Outro passo na direção da liberdade pessoal das mulheres foi dado por Lord Selborne em 1884 pela introdução da Lei das Causas Matrimoniais daquela sessão, que pôs fim à punição por prisão do marido ou da esposa que se recusasse a obedecer ao decreto do Tribunal para a restituição dos direitos conjugais.

5. No ano seguinte à publicação do livro de Mill, viu-se a primeira séria edição de um alívio legislativo. Pela Lei da Propriedade da Mulher Casada, de 1870, aprovada em 9 de agosto de 1870, vários direitos relativos à propriedade

> Deve passar pelas mãos da mulher, mas [...] o marido não poderá ser punido por isso nem obrigado a restituí-la. [...] Os dois são considerados "uma só pessoa legal", com o propósito de daí se inferir que

---

foram especialmente conferidos a elas, mas a capacidade geral para exercer os direitos de propriedade ainda era limitada: (1) salários e rendimentos de uma mulher casada, que trabalhava separadamente do marido, incluindo os frutos de trabalhos literários, artísticos ou científicos, pertenciam a ela; (2) depósitos feitos após a lei em poupança; (3) bens pessoais devolvidos a uma mulher casada após o Ato, como parente mais próximo na sucessão, ou qualquer quantia de £ 200 [duzentas libras] que venha a ela por qualquer escritura ou testamento; (4) os aluguéis e lucros de bens imobiliários ou propriedade de terra herdados por sucessão por uma mulher casada deveriam pertencer a ela para seu uso separado. Ela também teve o poder de garantir para a sua vida ou para a vida de seu marido com uso separado; e ter ações, fundos, cotas e títulos registrados em seu nome como sua propriedade separada. Além disso, a lei lhe permitiu processar em seu próprio nome a recuperação dos bens que lhe coubessem. Esse estado de coisas durou até a Lei da Propriedade da Mulher Casada ser aprovada em 18 de agosto de 1882. Essa lei conferiu pela primeira vez a uma mulher casada a capacidade de adquirir e exercer direitos ordinários de propriedade "da mesma maneira como se ela fosse uma mulher solteira", "sem a intervenção de qualquer administrador"; ou seja, "todos os direitos legais referentes a esses assuntos que uma mulher solteira teria são conferidos a uma mulher casada". Essa é a seção 1 (1). Mas essa seção deve ser lida com as seções 2 e 5, a fim de se verificar como o princípio é estabelecido. Há uma distinção entre mulheres casadas antes da lei e mulheres casadas depois da lei; e o resultado geral é que uma mulher casada depois da lei é absolutamente independente do marido no que diz respeito a todos os seus bens. Ela pode negociar e se desfazer do bem como quiser, mas uma mulher casada antes da lei, embora esteja na mesma posi-

> o que quer que seja dela é dele. [Essa] máxima não é aplicada contra o homem, exceto para torná-lo responsável perante terceiros pelas ações da mulher (p. 88)[6].

ção em relação aos bens adquiridos por ela depois da lei, em relação aos bens adquiridos por ela antes da lei, está na mesma situação de incapacidade como se a lei não tivesse sido aprovada. A lei permite que uma mulher casada mova uma ação judicial ou seja processada sem o seu marido, como se fosse solteira; se ela obtiver sucesso, recuperará sua propriedade separadamente; se ela perder, sua propriedade independente é utilizada para reparar danos (seção 1 [2]). Suas responsabilidades aumentam, pois ela pode se tornar uma pessoa falida em relação às negociações separadas (seção 1 [5]), e responsável perante a paróquia pelo sustento do marido e dos filhos etc., mas não em socorro para o marido (seções 20, 21). A lei não interfere nos acordos já existentes, no poder de fazer acordos futuros, nem na validade de qualquer restrição à antecipação ou alienação, exceto no caso de bens da própria esposa, para não frustrar os direitos dos credores antenupciais da esposa (seção 19). A lei contém várias outras disposições que explicitam o princípio em detalhe - a saber, estabelecer o direito de uma mulher casada à sua propriedade contra seu marido, sem lhe retirar qualquer bem que já havia acumulado anteriormente à lei, e ao mesmo tempo sujeitá-la a responsabilidades que correspondem aos novos direitos.

6. Uma esposa pode agora processar o marido não apenas por violência pessoal, mas também por lidar indevidamente com seus bens (Lei da Propriedade da Mulher Casada, 1882, seção 12); mas não enquanto estiverem vivendo juntos como marido e mulher, nem em relação a atos praticados por ele enquanto viveram juntos (ibid.). Ela dispõe de recursos civis completos contra todas as pessoas, incluindo seu marido, por danos causados ao seu patrimônio (ibid.). Pode-se acrescentar que, no que se refere aos processos criminais, ela está sob responsabilidade correlata ao ser processada pelo marido (ibid., seção 16).

Eles são por lei filhos dele. Apenas ele tem quaisquer direitos legais sobre eles. Ela não pode realizar uma ação dirigida aos filhos ou relativas a eles, a não ser por delegação dele. Mesmo depois da morte dele, ela não é a guardiã legal deles, a menos que ele a tenha feito por vontade própria [testamento]. Ele poderia até mesmo tirá-los dela e privá-la dos meios para vê-los [...],

até que esse poder fosse em certo grau restringido pelo ato de Serjeant Talfourd. [...] Se ela deixar o seu marido, não pode levar nada com ela, nem os filhos, nem qualquer coisa que seja legitimamente sua (p. 89)[7].

Até recentemente uma corte de justiça só concederia essa separação legal a um custo que a tornava inacessível a quem não pertencesse às mais altas esferas. Mesmo

---

7. Pela lei comum o pai tem direito à guarda de seus filhos menores contra terceiros e até mesmo contra a mãe. Durante a vida do pai, uma mãe, como tal, não tem direito a nenhum poder, mas apenas à reverência e ao respeito - mas na morte do pai, sem ter sido designado um guardião, ela tem direito à custódia dos filhos menores como guardiã deles "por natureza" (pelo estatuto 12 Car. II. c. 24); com um guardião designado, a mãe não tinha o direito de interferir antigamente. Mas pela Lei da Guarda dos Infantes de 1886, a mãe se torna guardiã de seus filhos menores, seja sozinha, quando nenhum guardião foi nomeado pelo pai, ou juntamente com qualquer guardião nomeado pelo pai. Ela também tem direito de nomear um guardião para agir depois de sua própria morte e da morte do pai.

agora só é concedida em casos de deserção ou de extrema crueldade (p. 89)[8].

---

8. As declarações do autor, no que se refere aos bens da esposa, não podem subsistir desde as alterações na Lei da Propriedade da Mulher Casada, as quais foram tratadas integralmente na nota sobre o assunto. A lei relativa à restituição dos direitos conjugais foi alterada em 1884. Foi fundada no dever de as pessoas casadas viverem juntas. Nas palavras de Blackstone – "O processo de restituição dos direitos conjugais é instaurado sempre que o marido ou a esposa é culpado por dano de subtração ou vive separado do outro sem qualquer motivo adequado, caso em que será obrigado a se unir novamente" (vol. III, p. 94). A maneira encontrada para manter a ordem do Tribunal, que até 1857 era o Tribunal Eclesiástico, foi por meio de prisão até a obediência ser garantida; e os relatórios da lei contêm casos de maridos e esposas presos por anos por não terem obedecido à ordem. Os tribunais, naturalmente, não podiam e não tentaram fazer mais do que obrigar as partes a viverem sob o mesmo teto. A única causa de retirada reconhecida como legítima pelos tribunais era a crueldade ou o adultério da outra parte; sendo comprovada uma das duas, era uma boa defesa para a ação. Pela Lei das Causas Matrimoniais, de 1884, um decreto de restituição deixou de ser aplicado por meio de prisão, mas a desobediência ao decreto era equivalente à deserção sem justa causa e motivo para um processo de separação judicial. A lei previa que o marido inadimplente fosse ordenado a pagar pensão alimentícia à esposa, e que um acordo fosse ordenado a partir da propriedade da esposa inadimplente sobre o marido e os filhos, ou qualquer um deles. O princípio da lei parece ser análogo ao da lei escocesa sobre o assunto. Essa lei removeu uma mancha na legislação e a colocou em uma base inteiramente nova. A questão de saber se o uso da força física pelo marido se justifica foi finalmente respondida de forma negativa pelo Tribunal de Apelação no caso Regina *versus* Jackson, decidido em 1891. O marido obteve um decreto para a restituição dos direitos conjugais. Após a esposa se recusar a obedecer ao decreto,

Mas nenhuma quantidade de abuso, sem adultério adicionado, irá na Inglaterra libertar uma esposa de seu algoz (p. 90)[9].

O que quer que fosse do marido ou da mulher se não fossem casados deveria ficar sob o controle exclusivo de cada um durante o casamento; isso não precisa interferir no poder de amarrar a proprie-

---

em um domingo de março de 1891, o marido, ajudado por dois jovens, a agarrou ao sair da igreja com sua irmã e a forçou a entrar em uma carruagem. O marido e um dos homens entraram com a esposa, e a carruagem foi levada até a casa do marido, onde a esposa foi calada e detida. A esposa reivindicou pela sua liberdade e a Corte confirmou o pedido dela, negativando o direito de o marido interferir na situação. O julgamento é um marco na legislação sobre esse assunto, e vale a pena ser lido na íntegra – está nos Relatórios de Direito de 1891, Divisão da Bancada da Rainha, vol. 1, p. 678. Não apenas mostra claramente o que é a lei: mostra também que já em 1840 exatamente o contrário foi estabelecido e aplicado como lei no Caso Cochrane (relatado no *Dowling's Reports*, 8, p. 630) pelo Sr. Justice Coleridge, caso que agora está anulado.

9. A Lei do Divórcio e da Separação Judicial é regida principalmente pela lei conhecida como Lei das Causas Matrimoniais, de 1857, e os princípios sobre os quais a jurisdição é exercida não foram alterados desde então. No entanto, uma reforma, com necessidade indicada por Mill, foi feita por um recente estatuto. Pela Lei da Jurisdição Sumária (mulheres casadas) de 1895, se o marido for condenado sumariamente ou por acusação de agressão agravada contra sua esposa, o tribunal perante o qual ele é condenado pode ordenar o que é praticamente uma separação judicial entre eles. A lei de 1895 é, a esse respeito, uma extensão de uma disposição mais restrita da Lei das Causas Matrimoniais de 1878. A lei de 1895 concede aos magistrados poderes muito amplos para ordenar uma separação entre uma esposa tratada de forma ruim e seu marido (cf. esp. seções 4 e 5).

dade em alguma medida para preservá-la aos filhos (p. 111)[10].

[...] o sufrágio, tanto o parlamentar quanto o municipal" (p. 117)[11]

* * *

Tem sido dito algumas vezes, nos últimos anos, que se Mill escrevesse hoje sobre o *status* social das mulheres, ele não usaria e não poderia usar o termo "escravidão" para se referir à condição delas, nem introduziria a dura palavra "sujeição" no título de seu ensaio. Não há ocasião para discutir esse ponto; mas é preciso lembrar que a extrema inaptidão que levou Mill a usar as palavras "sujeição" e "escravidão" não foi excluída. No que diz respeito à vida política da nação, as mulheres, como sexo, estão sujeitas aos homens como sexo. Nenhuma das leis do país, embora possam tocar de forma vital em todos os interesses da vida de uma mulher, são feitas por ela. Se as leis fossem perfeitamente justas, colocando as mulheres em total igualdade com os homens, ou se elas as

---

10. Essa é, de fato, a base da Lei da Propriedade da Mulher Casada, de 1882, exceto no que diz respeito aos direitos adquiridos antes da Lei.

11. "Por muitos anos uma mulher solteira pode votar em uma eleição do Conselho Municipal ou Escolar; mas, quer seja solteira ou casada, não tem direito ao voto parlamentar nem em um município nem em um país" (Eversley, sobre as relações domésticas). Uma mulher casada pode, pela Lei do Governo Local, de 1894, votar na eleição de um conselho paroquial ou distrital, mas não na eleição municipal. Ela pode ser uma conselheira paroquial ou distrital, mas não uma conselheira municipal.

favorecessem até mesmo para desvantagem dos homens, ainda assim, se as leis fossem feitas apenas por homens, seria verdade que as mulheres, como sexo, estariam sujeitas aos homens, como sexo.

Se essa sujeição em tais circunstâncias seria uma calamidade ou não é outra questão. Essa é uma pergunta que será respondida de acordo com o sentido dos valores relativos das coisas boas que a vida oferece. Certamente os homens de caráter mais elevado considerariam pauperismo espiritual se a justiça lhes fosse assegurada por outros, enquanto a eles próprios não seria permitido ter voz para elaborar e administrar as leis. Pela mesma razão, todas as mulheres que preferem a responsabilidade e o reconhecimento moral ao mero conforto físico também sentem que as leis feitas para elas, não por elas, embora não envolvam nenhuma outra injustiça, oferecem, apenas por esse motivo, uma completa indignidade.

Contudo, não é verdade que as outras inaptidões das mulheres foram em sua maioria abolidas desde a época de Mill. Continuam a existir com força total para a mulher comum de classe média e para a grande maioria das esposas e filhas dos homens trabalhadores. Além disso, embora a condição das mulheres possa não ter piorado, e enquanto para mulheres com alguma propriedade a situação melhorou muito, nosso conhecimento dos males sofridos pelas mulheres aumentou e se aprofundou.

Ninguém pode ler cuidadosamente *A sujeição das mulheres* sem reconhecer duas limitações em relação à imaginação solidária de Mill no que diz respeito aos males sofridos pelas mulheres. Essas limitações não se devem a uma deficiência de emoção generosa, nem a qualquer prejuízo intelectual; são características da época em que ele viveu, e se devem ao fato de que em sua época não havia um estudo sistemático e uma compreensão íntima da vida cotidiana da mulher trabalhadora, nem do que é chamado de mulher comum de classe média. Mill sente agudamente e, com bastante intensidade, se ressente das restrições impostas às mulheres geniais e lamenta a perda para a comunidade decorrente do desperdício das habilidades femininas. Mas ele parece raramente ter em mente o número incontável de mulheres comuns, e o enorme serviço que elas podem prestar à comunidade.

Também em relação às mulheres de classes trabalhadoras, Mill retratou vividamente em sua mente o grupo deplorável daquelas cujos maridos eram bêbados, sem dinheiro, dominadores ou brutais. Mas os casos, muito mais numerosos, daquelas esposas e filhas de homens trabalhadores que não sofrem por culpa do marido ou do pai, mas por causa das condições econômicas totalmente fora de controle de qualquer um dos eleitores do país, nunca lhe ocorreram. Durante os últimos trinta anos, no entanto, é essa classe de sofredores - a mais miserável de todas - que se tornou, e com razão, o principal objeto da solicitude humana. Sabemos mais e pior do que Mill sabia; e esse novo conhecimento fornece uma nova e mais ampla aplicabilidade a muita coisa em seu ensaio, que, de outra forma, poderia hoje ser considerado um exagero retórico.

O Movimento do Sufrágio Feminino começou recentemente a atrair muitas mulheres trabalhadoras para suas fileiras. Nesse ponto de seu desenvolvimento, o editor sentiu que não lhe poderia ser dado maior benefício do que a edição de uma reimpressão mais econômica de *A sujeição das mulheres*.

Dezembro de 1905.

Capítulo 1

1 O objetivo deste ensaio é explicar, com a maior clareza possível, os fundamentos de uma opinião que mantenho desde o período mais antigo em que formei outras opiniões sobre questões sociais e políticas, e que, em vez de ser enfraquecida ou modificada, tem se tornado cada vez mais forte pelo progresso da reflexão e da experiência da vida: que o princípio que regula as relações sociais existentes entre os dois sexos – a subordinação legal de um sexo ao outro – é errado em si mesmo e constitui agora um dos principais obstáculos ao aprimoramento humano; e que deveria ser substituído por um princípio de perfeita igualdade, que não admita nenhum poder ou privilégio para um dos lados, nem incapacidade para o outro.

2 As próprias palavras necessárias para expressar a tarefa que assumi demonstram o quanto ela é árdua. Mas seria um erro supor que a dificuldade do caso reside na insuficiência ou na obscuridade dos fundamentos da razão sobre os quais repousa a minha convicção. A dificuldade é aquela que existe em todos os casos em que há uma quantidade de sentimentos que precisa ser contestada. Enquanto uma opinião estiver fortemente enraizada nos sentimentos, ela mais ganha do que perde em estabilidade, por ter um peso preponderante de argumento contra ela. Porque, se fosse aceita como resultado de uma argumentação, a refutação do argumento poderia abalar a solidez da convicção;

mas quando se baseia apenas no sentimento, quanto pior se comporta na disputa argumentativa, mais persuadidos ficam os seus adeptos de que os seus sentimentos devem ter algum fundamento mais profundo, que os argumentos não alcançam; e, enquanto o sentimento permanece, estará sempre lançando novos argumentos para reparar qualquer falha produzida no antigo. E existem tantas causas que tendem a manter uma ligação mais intensa e mais enraizada dos sentimentos com este assunto do que aquelas divulgadas e protegidas por velhas instituições e costumes, que não devemos nos surpreender por encontrá-las ainda menos prejudicadas e perdidas do que as outras restantes por meio do progresso da enorme transição moderna espiritual e social; nem supor que as barbaridades às quais os homens se atêm mais longamente sejam menos bárbaras do que aquelas das quais se livraram antes.

3 Em todos os aspectos, a carga é dura para aqueles que atacam uma opinião quase universal. Eles devem ser muito afortunados, bem como incomumente capazes, se conseguirem obter alguma audiência. Eles têm mais dificuldade em obter um julgamento do que qualquer outro litigante em obter um veredito. Se eles extorquem uma audiência, estão sujeitos a um conjunto de requisitos lógicos totalmente diferentes daqueles exigidos de outras pessoas. Em todos os outros casos, o ônus da prova deve recair sobre as declarações afirmativas. Se uma pessoa for acusada de assassinato, cabe àqueles que a acusam fornecer as provas de sua culpa, e não a ela provar a sua inocência. Se houver uma diferença de opinião sobre a realidade de qualquer suposto acontecimento histórico, pelo qual os sentimentos dos homens em geral não estão muito interessados, como o Cerco de Troia, por exemplo, espera-se que aqueles que sustentam que o evento

aconteceu produzam suas provas, antes que aqueles que estão do outro lado possam ser obrigados a dizer qualquer coisa; e em nenhum momento estes últimos são obrigados a fazer algo que não seja mostrar que a prova apresentada pelos outros não tem valor algum. Mais uma vez, em termos práticos, supõe-se que o ônus da prova deve estar com aqueles que são contra a liberdade; que lutam por qualquer restrição ou proibição - seja qualquer limitação da liberdade geral da ação humana, ou qualquer desqualificação ou disparidade de privilégio que afete uma pessoa ou tipo de pessoa, em comparação com outras. A presunção *a priori* é em favor da liberdade e da imparcialidade. Sustenta-se que não deveria haver restrição a não ser a exigida pelo bem geral, e que a lei não deveria respeitar as pessoas, mas tratar a todos da mesma forma, salvo quando a disparidade de tratamento fosse exigida por razões positivas, quer de justiça, quer de política. Porém nenhuma dessas regras de evidência beneficiará aqueles que mantêm a opinião que eu professo. É inútil que eu diga que aqueles que mantêm a doutrina de que os homens têm o direito de comandar e as mulheres têm a obrigação de obedecer - ou de que os homens são aptos para o governo e as mulheres são inaptas - estão no lado afirmativo da questão, e que estão obrigados a mostrar evidências positivas para as afirmações, ou a submeter-se à sua rejeição. É igualmente inútil afirmar aqui que aqueles que negam às mulheres qualquer liberdade ou privilégio permitido aos homens, tendo a dupla presunção contra eles de que se opõem à liberdade e recomendando a parcialidade, devem ser mantidos à prova estrita do seu caso; e, a menos que tenham sucesso em eliminar todas as dúvidas, o julgamento será feito contra eles. Estes poderiam ser considerados bons argumentos em qualquer caso comum; mas não serão pensados assim neste exemplo. Antes que eu pudesse esperar causar qualquer impressão, eu deveria não apenas responder a tudo o que já foi dito por aqueles que estão do outro lado da questão, mas imaginar tudo o que poderia ser dito por eles – para encontrar suas razões, assim como responder a tudo o que eu encontrar: e além de refutar todos os argumentos a favor da afirmativa, serei chamado a apresentar argumentos positivos insuperáveis para provar uma negativa. E mesmo que eu pudesse fazer tudo isso, deixando a parte oposta com uma série de argumentos contra eles sem resposta, e nenhum argumento irrefutável do lado deles, julgaria ter feito pouco; por uma causa apoiada por um lado, pelo uso universal, e, por outro, por uma preponderância tão grande do sentimento popular, deve ter uma presunção a seu favor, superior a qualquer convicção que um apelo à razão tenha poder de produzir em qualquer intelecto, exceto nos de uma classe elevada.

4 Não menciono essas dificuldades para reclamar delas; primeiro, porque seria inútil; elas são inseparáveis do fato de ter de argumentar por meio da compreensão das pessoas contra a hostilidade de seus sentimentos e tendências práticas; e realmente os entendimentos da maioria da humanidade precisariam ser mais bem cultivados do que têm sido antes da possibilidade de lhes pedir que depositem tal confiança no seu próprio poder de estimar argumentos, de modo a renunciarem aos princípios práticos em que nasceram e foram criados, e que não são a base de grande parte da ordem existente no mundo, no primeiro ataque argumentativo que não fossem capazes de resistir logicamente. Portanto, eu não discuto com eles por terem pouca fé no argumento, mas por terem demasiada fé nos costumes e no sentimento geral. É um dos preconceitos

característicos da reação do século XIX contra o século XVIII atribuir aos elementos irracionais da natureza humana a infalibilidade que o século XVIII supostamente atribuiu aos elementos de raciocínio. Substituímos a apoteose da razão pela do instinto; e podemos chamar de instinto todas as coisas que encontramos em nós mesmos e sobre as quais não podemos traçar qualquer fundamento racional. Essa idolatria, infinitamente mais degradante do que a outra, e a mais perniciosa das falsas adorações dos dias atuais, das quais hoje é o principal suporte, provavelmente se manterá até que ceda diante de uma psicologia adequada, revelando a verdadeira essência de muito que se curva como a intenção da natureza e a ordenança de Deus. Quanto à presente pergunta, estou disposto a aceitar as condições desfavoráveis que o preconceito me atribui. Concordo que o costume estabelecido e o sentimento geral devam ser considerados conclusivos contra mim, a menos que se possa demonstrar que esse costume e esse sentimento, de época em época, devem a sua existência a outras causas além da sua solidez, e derivem seu poder de partes piores e não melhores da natureza humana. Estou disposto a aceitar que o julgamento seja contrário a mim, a menos que eu possa demonstrar que o meu julgamento foi adulterado. A concessão não é tão grande como poderia parecer, pois prová-lo é, de longe, a parte mais fácil da minha tarefa.

5 A generalidade de uma prática é, em alguns casos, uma forte presunção de que ela é ou foi propícia para atingir fins louváveis. Esse é o caso quando a prática foi adotada pela primeira vez, ou mantida posteriormente, como um meio para tais fins, e foi fundamentada na experiência do modo pelo qual poderiam ser mais eficazmente alcançados. Se a autoridade dos homens sobre as mulheres, quando estabelecida pela primeira vez, tivesse sido o resultado de uma comparação consciente en-

tre os diferentes modos de constituir o governo da sociedade; se, depois de experimentar vários outros modos de organização social – o governo das mulheres sobre os homens, a igualdade entre os dois, e os modos de governo mistos e divididos que podem ser inventados –, fosse decidido, pelo testemunho da experiência, que o modo pelo qual as mulheres estão totalmente sob o domínio dos homens, sem qualquer participação nas preocupações públicas submetidas à obrigação legal de obediência ao homem a quem associaram o seu destino, era o arranjo mais propício à felicidade e bem-estar de ambos; sua adoção geral poderia então ser considerada uma evidência de que, no momento em que foi adotada, era a melhor opção: embora, mesmo assim, as considerações que recomendavam esse modo possam, como tantos outros fatos sociais primordiais da maior importância, ter subsequentemente deixado de existir no decorrer dos tempos. Todavia, o estado do caso é, sob todos os aspectos, o inverso disso. Em primeiro lugar, a opinião a favor do sistema atual, que subordina inteiramente o sexo mais fraco ao mais forte, repousa apenas na teoria; pois nunca houve experimento de nenhum outro: portanto, tal experiência, no sentido em que é vulgarmente oposta à teoria, não pode ter anunciado nenhum veredito. E, em segundo lugar, a adoção desse sistema de desigualdade nunca foi o resultado de deliberação, premeditação, ou de quaisquer ideias sociais, ou qualquer noção que tenha conduzido para o benefício da humanidade ou para a boa ordem da sociedade. Simplesmente surgiu do fato de que, desde o crepúsculo mais antigo da sociedade humana, toda mulher (devido ao valor a ela atribuído pelos homens, combinado com sua inferioridade de força muscular) foi encontrada em estado de escravidão em relação a algum homem. As leis e os sistemas políticos começam sempre pelo reconhecimento das relações que já existem entre os indivíduos. Tais leis e sistemas convertem o que era um mero fato físico em um direito legal, concedem-lhe o consentimento da sociedade e visam principalmente à substituição dos meios públicos e organizados de afirmação e proteção desses direitos, ao invés do conflito irregular e ilegal de força física. Aqueles que já haviam sido compelidos à obediência tornaram-se dessa maneira legalmente vinculados a ela. A escravidão, por ser uma mera questão de força entre o senhor e o escravo, tornou-se regularizada e uma questão de acordo entre os senhores, que se vinculavam uns aos outros para obter proteção em comum, com a garantia por meio da força coletiva de posse privada sobre cada pessoa, incluindo seus escravos. Nos tempos primitivos, a grande maioria dos homens estava sob a condição de escravos, assim como todas as mulheres. E muitas épocas se passaram, algumas delas de grande desenvolvimento, antes que qualquer pensador fosse ousado o suficiente para questionar a legitimidade e a absoluta necessidade social, seja de uma escravidão, seja de outra. Aos poucos tais pensadores surgiram: e (com a colaboração do progresso da sociedade em geral) a escravidão do sexo masculino foi, pelo menos em todos os países da Europa cristã (embora, em um deles, somente nos últimos anos) finalmente abolida, e a do sexo feminino foi gradualmente transformada em uma forma mais branda de dependência. Mas essa dependência, tal como existe hoje, não é uma instituição original, tendo um novo começo a partir de considerações de justiça e de conveniência social - é o estado primitivo da escravidão que se prolonga por meio das sucessivas mitigações e modificações ocasionadas pelas mesmas causas que suavizaram as maneiras gerais e colocaram todas as relações humanas sob o controle da justiça e da influência da humanidade. Não perdeu a mácula de sua origem brutal. Portanto, nenhuma presunção a seu favor pode ser extraída do fato de sua existência. A única presunção que poderia ser obtida deve estar baseada no fato de que essa dependência durou até agora, enquanto tantas outras coisas que surgiram da mesma fonte odiosa foram eliminadas. E isso, na realidade, é o que torna estranho aos ouvidos comuns a afirmação de que a desigualdade de direitos entre homens e mulheres não tem outra fonte a não ser a lei do mais forte.

6 Que essa afirmação tenha o efeito de um paradoxo é, em alguns aspectos, creditável ao progresso da civilização e à melhoria dos sentimentos morais da humanidade. Vivemos agora – isto é, uma ou duas nações mais avançadas do mundo vivem agora – em um estado no qual a lei do mais forte parece estar totalmente abandonada como princípio regulador dos assuntos mundiais: ninguém professa tal lei, e no que diz respeito à maioria das relações entre os seres humanos, ninguém está autorizado a praticá-la. Quando alguém consegue fazê-lo, é coberto por algum pretexto que lhe dá a aparência de ter algum interesse social ao seu lado. Sendo este o estado ostensivo das coisas, as pessoas se lisonjeiam com o fim da regra da mera força; que a lei do mais forte não pode ser a razão da existência de qualquer coisa que permaneceu em pleno funcionamento até o presente momento. No entanto, qualquer uma de nossas instituições atuais pode ter começado e ter sido preservada até este período de civilização avançada por um sentimento bem fundamentado de sua adaptação à natureza humana, e de condutividade ao bem geral. Não se entende a grande vitalidade e durabilidade das instituições que estão do lado do poder; a intensidade que as une; como as boas e as más propensões e sentimentos daqueles que

têm o poder em suas mãos se identificam com o fato de reter tal poder; a lentidão com que essas más instituições, uma de cada vez, se livram primeiramente dos mais fracos, começando pelos que estão menos entrelaçados com os hábitos diários da vida; e como muito raramente aqueles que obtiveram o poder legal, pela força física, perderam o seu domínio quando a força física passou para o outro lado. Essa mudança de lado da força física não se verificou no caso das mulheres; esse fato, combinado com todos os traços peculiares e característicos do caso em particular, assegurou, desde o primeiro momento, que este ramo do sistema de direito fundado no poder, embora suavizado em suas características mais atrozes em um período mais remoto, seria o último a desaparecer. Era inevitável que tal caso de relação social fundamentada na força sobrevivesse por gerações de instituições baseadas na justiça igualitária e uma exceção quase solitária ao caráter geral de suas leis e costumes; mas que, enquanto não proclamar a sua própria origem e enquanto a discussão não tiver revelado o seu verdadeiro caráter, não se sente incluído na legislação moderna, tal como a escravidão doméstica entre os gregos destoava da noção que tinham de si mesmos como um povo livre.

7 A verdade é que as pessoas do presente e das últimas duas ou três gerações perderam todo o senso prático da condição primitiva da humanidade; e apenas os poucos que estudaram a história com precisão ou que frequentaram muito as partes do mundo ocupadas pelos representantes vivos de épocas passadas são capazes de formar qualquer imagem mental do que era a sociedade na época. As pessoas não têm consciência de como a lei da força superior era a regra da vida em épocas passadas; e de como ela era declarada pública e abertamente. Não digo cinicamente ou sem vergonha – pois essas

palavras implicam um sentimento de que havia algo do que se envergonhar, e essa noção não poderia encontrar lugar nas mentalidades de qualquer pessoa naquela época, exceto na de um filósofo ou na de um santo. A história fornece uma experiência cruel da natureza humana ao mostrar como exatamente o respeito devido à vida, às posses e à felicidade terrena de qualquer classe de pessoas era medido pelo seu poder de imposição; como todos aqueles que resistiram às autoridades que tinham armas nas mãos, por mais terrível que fosse a provocação, tinham não só a lei da força, mas todas as outras leis, e todas as noções de obrigação social contra eles; e, aos olhos daqueles a quem resistiam, eles não eram somente culpados de crimes, mas do pior de todos os crimes, merecendo o castigo mais cruel que os seres humanos poderiam infligir. O primeiro pequeno vestígio de um sentimento de obrigação de um superior de reconhecer qualquer direito nos inferiores começou quando aquele foi induzido, por conveniência, a fazer alguma promessa a estes. Embora essas promessas, mesmo quando sancionadas pelos juramentos mais solenes, tenham sido revogadas ou violadas durante muitas eras por provocações ou tentações mais insignificantes, é provável que isso tenha sido feito sem causar algumas pontadas na consciência, exceto por pessoas de moral ainda pior do que a média. As antigas repúblicas, sendo na sua maioria fundamentadas desde a primeira sobre algum tipo de pacto mútuo ou formadas por uma união de pessoas com uma força não muito desigual, proporcionaram, em consequência, o primeiro exemplo de uma parte de relações humanas protegidas e colocadas sob o domínio de outra lei que não a da força. E, embora a lei original da força tenha permanecido em pleno funcionamento entre eles e seus escravos, e também (exceto até o limitado por pacto expresso) entre uma comunidade e seus subordinados ou outras comunidades independentes, o banimento dessa lei primitiva, mesmo a partir de um campo tão estreito, iniciou a regeneração da natureza humana, dando origem a sentimentos cuja experiência logo demonstrou o imenso valor, mesmo para os interesses materiais, e que a partir daí só precisavam ser ampliados, não criados. Embora os escravos não fizessem parte da comunidade, foi nos estados livres que eles começaram a ter direitos como seres humanos. Eu acredito que os estoicos tenham sido os primeiros (a não ser na medida em que a lei judaica constituía uma exceção) a ensinar como parte da moralidade que os homens estavam ligados por obrigações morais aos seus escravos. Depois da ascensão do cristianismo, teoricamente ninguém poderia estranhar essa crença; e, depois do surgimento da Igreja Católica, sempre surgiram pessoas para defendê-la. No entanto, colocar isso em prática foi a tarefa mais árdua que o cristianismo já teve de realizar. Por mais de mil anos a Igreja manteve essa disputa sem nenhum sucesso perceptível. Não era por falta de poder sobre a mente dos homens. Seu poder era extraordinário. Podia fazer com que reis e nobres renunciassem aos seus bens mais valiosos para enriquecer a Igreja. Podia fazer com que milhares, no auge da vida e das vantagens mundanas, se fechassem nos conventos para trabalhar sua salvação, em pobreza, jejum e oração. Podia enviar centenas de milhares por terra e mar, pela Europa e Ásia, para que entregassem suas vidas pela libertação do Santo Sepulcro. Podia fazer com que os reis abandonassem suas esposas, que eram objeto de seu apego apaixonado, porque a Igreja declarou que eles estavam no sétimo (pelo nosso cálculo, no décimo quarto) grau de relacionamento. A Igreja fez tudo isso, mas não podia fazer com que os homens lutassem menos uns com os outros, nem que exercessem sua tirania com menos crueldade sobre seus servos, e, quando podiam, sobre os cidadãos. Não poderia fazê-los renunciar a nenhuma das aplicações da força; militante ou triunfante. Os homens nunca poderiam ser induzidos a fazer até que eles mesmos fossem compelidos por uma força superior. Somente pelo poder crescente dos reis foi posto um fim à luta, exceto entre reis, ou concorrentes pela realeza; apenas pelo crescimento de uma burguesia rica e bélica nas cidades mais fortes, e de uma infantaria plebeia que se mostrou mais poderosa no campo do que a cavalaria indisciplinada. [Somente assim,] a tirania insolente dos nobres sobre a burguesia e sobre os camponeses foi limitada. Persistiu não só até, mas muito tempo depois, de os oprimidos terem obtido um poder que lhes permitia muitas vezes vinganças evidentes; e no continente, grande parte da vingança continuou até a época da Revolução Francesa, embora, na Inglaterra, a anterior e melhor organização das classes democráticas colocou um fim mais rápido na situação, estabelecendo leis igualitárias e instituições nacionais livres.

8 Se as pessoas, na maioria das vezes, têm tão pouca consciência de quão completamente, durante a maior parte da duração da nossa espécie, a lei da força foi a regra declarada de conduta geral, sendo qualquer outra apenas uma consequência especial e excepcional de laços peculiares – e como é recente o fato de que os assuntos da sociedade em geral têm sido regidos de acordo com qualquer lei moral; tão pouco as pessoas se lembram ou consideram como instituições e costumes que nunca tiveram outro fundamento a não ser a lei duraram por eras e por estados de opinião geral, que nunca teriam permitido o seu primeiro estabelecimento. Há menos de quarenta anos, os ingleses ainda podiam, por lei, manter seres humanos em estado de es-

cravidão como propriedade vendável: no presente século, eles podiam sequestrá-los, carregá-los e fazê-los trabalhar literalmente até a morte. Esse caso absolutamente extremo da lei da força, condenado por aqueles que podem tolerar quase todas as outras formas de poder arbitrário, e que, entre todos os outros, apresenta as características mais revoltantes para os sentimentos de todos os que a olham de uma posição imparcial foi a lei da Inglaterra civilizada e cristã mantida na memória das pessoas que vivem no presente momento: e em metade da América anglo-saxônica, há três ou quatro anos, não somente existia a escravidão, mas o comércio, e a criação de escravos expressamente para isso, como uma prática geral entre estados escravos. No entanto, não apenas havia uma força maior de sentimento contra essa escravidão, como, pelo menos na Inglaterra, uma quantidade menor de sentimento ou de interesse a favor, do que de qualquer outro dos habituais abusos de força: pois o motivo era o amor pelo ganho, sem mistura e sem disfarce; e aqueles que lucravam com isso faziam parte de uma fração numérica muito pequena do país, enquanto o sentimento natural de todos os que não estavam pessoalmente interessados nisso era de repúdio total. Um exemplo tão extremo torna quase supérfluo se referir a qualquer outro: mas considere a longa duração da monarquia absoluta. Atualmente, na Inglaterra, é quase uma convicção universal que o despotismo militar é um caso da lei da força, não tendo outra origem ou justificativa. No entanto, em todas as grandes nações da Europa, exceto na Inglaterra, essa lei do poder ainda existe, ou deixou de existir há pouco tempo, e ainda tem uma forte parte favorável a ela em todas as classes do povo, especialmente entre as pessoas de posição e de importância social. Tal é o poder de um sistema estabelecido, mesmo quando longe de ser universal; quando não apenas em quase todos os períodos da história houve grandes e conhecidos exemplos do sistema contrário, mas estes têm sido quase invariavelmente proporcionados pelas comunidades mais ilustres e mais prósperas. Também neste caso, o detentor do poder indevido, a pessoa diretamente interessada nele, é apenas uma pessoa, enquanto aqueles que estão sujeitos a ele e sofrem com ele são literalmente todo o resto. A opressão é natural e necessariamente humilhante para todas as pessoas, exceto para aquele que está no trono, juntamente, no máximo, com aquele que espera sucedê-lo. Tais casos são bem diferentes do caso de poder dos homens sobre as mulheres. Eu não estou julgando antecipadamente a questão da sua justificabilidade. Estou demonstrando quão vasta e mais permanente não poderia ser, mesmo que não justificável, do que esses outros domínios que, no entanto, perduraram até o nosso tempo. Qualquer gratificação de orgulho que exista na posse do poder e qualquer interesse pessoal em seu exercício, neste caso, não está confinado a uma classe limitada, mas é comum a todo o sexo masculino. Ao invés de ser, para a maioria dos seus apoiadores, desejável principalmente no abstrato, ou, como os fins políticos normalmente defendidos pelas facções, de pouca importância privada para qualquer um, exceto os líderes; é compreendido pelo indivíduo e pela consciência de cada homem que é chefe de uma família e de todo aquele que espera ser. O camponês exerce, ou deve exercer, a sua parcela de poder igualmente com os nobres de mais alto nível. E o caso é aquele em que o desejo de poder é o mais forte: para todo aquele que deseja o poder, deseja-o mais sobre aqueles que lhe são mais próximos, com quem sua vida é passada, com quem tem mais preocupações em comum, e em quem qualquer independência de sua autoridade é frequentemente mais suscetível de interferir com as suas preferências individuais. Se nos outros casos especificados, os poderes manifestamente fundamentados apenas na força, e tendo muito menos para apoiá-los, são lentos e difíceis de se livrar, muito mais deve ser assim, mesmo que não esteja baseado em um fundamento melhor do que os outros poderes. Devemos considerar, também, que os detentores do poder têm facilidades, neste caso, maiores do que em qualquer outro, para evitar qualquer revolta contra tal poder. Cada um dos sujeitos vive sob os próprios olhos e quase, pode-se dizer, nas mãos de um senhor – em intimidade mais próxima com ele do que com qualquer uma das suas companheiras; sem meios de unir-se contra ele, sem poder para dominá-lo mesmo localmente, e, por outro lado, com os motivos mais fortes para procurar o seu favor e evitar ofendê-lo. Nas lutas por emancipação política, todos sabem com que frequência os vencedores são comprados por subornos ou intimidados pelo terror. No caso das mulheres, cada pessoa da classe subjugada está em um estado crônico de suborno e intimidação combinados. Ao estabelecer o padrão de resistência, um grande número de líderes, e ainda maior de seguidores, deve fazer um sacrifício quase completo dos prazeres ou das atenuações de sua própria porção individual. Se alguma vez algum sistema de privilégios e sujeição forçada teve seu domínio firmemente preso nos pescoços daqueles que são mantidos por ele, foi o sistema. Eu ainda não mostrei que se trata de um sistema errado: mas todo aquele que é capaz de pensar sobre o assunto deve ver que, mesmo que seja errado, certamente sobreviveria a todas as outras formas de autoridade injusta. E, enquanto algumas das formas mais grosseiras ainda existem em muitos países civilizados e só foram recentemente eliminadas em outros, seria estranho se esta forma de poder, tão profundamente enraizada, fosse ainda perceptivelmente abalada em qualquer outro lugar. Existem mais razões para imaginar que os protestos e evidências contra tal poder deveriam ter sido tão numerosos e tão pesados quanto são.

9 Alguns irão objetar que não se pode fazer uma comparação justa entre o governo do sexo masculino e as formas de poder injusto ilustradas por mim, uma vez que estas são arbitrárias, e o efeito da mera usurpação do lado contrário é natural. Mas houve qualquer domínio que não parecesse natural para aqueles que o detinham? Houve um tempo em que a divisão da humanidade em duas classes, uma pequena formada por senhores e outra numerosa formada por escravos, parecia, mesmo para as mentes mais desenvolvidas, ser uma condição natural, e a única natural, da raça humana. Não menos intelectual e alguém que contribuiu muito para o progresso do pensamento humano, Aristóteles sustentou essa opinião sem dúvida ou preocupação; e se baseou nas mesmas premissas nas quais geralmente está baseada a mesma afirmação em relação ao domínio dos homens sobre as mulheres, ou seja, que existem diferentes naturezas entre a humanidade, naturezas livres e naturezas escravas; que os gregos eram de natureza livre e as raças bárbaras dos trácios e asiáticos, de natureza escrava. Mas por que é preciso voltar para Aristóteles? Os donos de escravos do sul dos Estados Unidos não mantiveram a mesma doutrina, com todo o fanatismo com que os homens se agarram às teorias que justificam suas paixões e legitimam seus interesses pessoais? Eles não chamaram o céu e a terra para testemunhar que o domínio do homem branco sobre o negro é natural, que a raça negra é por natureza incapaz de liberdade e marcada para a escravidão? – Alguns chegam

ao ponto de dizer que a liberdade dos trabalhadores braçais é uma ordem anormal das coisas em qualquer lugar. Novamente, os teóricos da monarquia absoluta sempre afirmaram que esta era a única forma natural de governo: partindo da forma patriarcal, que era primitiva e espontânea da sociedade, enquadrada no modelo paternal, que é anterior à própria sociedade e, como afirmam, a autoridade mais natural de todas. Aliás, a própria lei da força, para aqueles que não podiam pleitear nenhuma outra, sempre pareceu ser a mais natural de todas as razões para o exercício da autoridade. As raças conquistadoras sustentam que é da própria natureza que os conquistados devem obedecer aos conquistadores, ou, como parafraseiam em bom som, que as raças mais fracas e mais pacíficas devem se submeter às mais corajosas e valentes. O menor conhecimento da vida humana na Idade Média mostra como a nobreza feudal achava supremamente natural o seu domínio sobre os homens de baixa condição, e como era antinatural o conceito de que uma pessoa de classe inferior reivindicasse a igualdade com eles, ou exercesse autoridade sobre eles. Parecia ainda mais antinatural para a classe mantida sob sujeição. Os servos e os burgueses emancipados, mesmo em suas lutas mais vigorosas, nunca tiveram qualquer pretensão de dividir a autoridade; exigiram apenas mais ou menos limitações ao poder de tiranizar sobre eles. Isso é tão verdadeiro que o antinatural geralmente significa apenas não habitual, e que tudo que é habitual parece natural. Sendo a sujeição das mulheres aos homens um costume universal, qualquer desvio disso parece naturalmente ser incomum. Mas quão inteiramente, mesmo neste caso, o sentimento depende do costume, é evidenciado pela ampla experiência. Nada surpreende tanto as pessoas de partes distantes do mundo, quando aprendem alguma coisa sobre a

Inglaterra, do que lhes ser dito que é governada por uma rainha; isso lhes parece tão antinatural que é quase inacreditável. Para os homens ingleses, isto não parece de modo algum ser antinatural, porque eles estão acostumados com o fato; mas consideram antinatural que as mulheres sejam soldados ou membros do parlamento. Por outro lado, na época feudal, a guerra e a política não eram consideradas antinaturais para as mulheres, porque não eram incomuns; parecia natural que as mulheres de classes privilegiadas tivessem um caráter masculino, inferiores apenas em relação à força corporal de seus maridos e pais. A independência das mulheres parecia menos antinatural para os gregos do que para outros povos antigos, devido às fabulosas amazonas (que acredita-se terem sido históricas), e ao exemplo parcial dado pelas mulheres espartanas; que, embora não sendo menos subordinadas à lei do que em outros estados gregos, eram de fato mais livres, e tendo sido treinadas para exercícios corporais da mesma forma que os homens, deram amplas provas de que não eram naturalmente desqualificadas para tanto. Existem poucas dúvidas de que a experiência espartana sugeriu a Platão, entre muitas outras das suas doutrinas, a igualdade social e política entre os dois sexos.

10 Mas deve-se dizer que o domínio dos homens sobre as mulheres difere de todos os outros por não ser uma regra de força; é uma regra aceita voluntariamente; as mulheres não se queixam, e consentem em fazer parte disso. Em primeiro lugar, um grande número de mulheres não aceita tal regra. Desde que as mulheres foram capazes de expressar seus sentimentos por seus escritos (o único modo de publicidade que a sociedade lhes permite), um número crescente delas registrou protestos contra sua atual condição social: e, recentemente, milhares delas, guiadas pelas mulheres mais eminentes e

conhecidas do público, apresentaram uma petição ao parlamento para a sua admissão ao sufrágio parlamentar. A reivindicação de que as mulheres devem ser educadas de forma tão sólida e nos mesmos ramos do conhecimento que os homens é exortada com intensidade crescente e com grandes perspectivas de sucesso; enquanto a exigência da sua admissão em profissões e ocupações até agora fechadas a elas se torna cada ano mais urgente. Embora não exista neste país, como há nos Estados Unidos, convenções periódicas e um partido organizado para promover os direitos das mulheres, existe uma sociedade numerosa e ativa organizada e gerenciada por mulheres a fim de obter a concessão política. Não é somente em nosso país e na América que as mulheres estão começando a protestar, mais ou menos coletivamente, contra as desigualdades sob as quais vivem. França, Itália, Suíça e Rússia dão agora exemplos da mesma coisa. Ninguém pode saber quantas mulheres acalentam aspirações semelhantes silenciosamente, mas existem diversos sinais de quantas apreciariam tais aspirações, se não lhes fosse ensinado com tanta veemência a reprimir tais aspirações como contrárias às propriedades de seu sexo.

Também deve ser lembrado que nenhuma classe escravizada jamais pediu por liberdade completa de uma só vez. Quando Simon de Montfort convocou os deputados da Câmara dos Comuns para se sentarem pela primeira vez no Parlamento, será que algum deles sonhou em exigir que uma assembleia eleita pelos seus constituintes fizesse e destruísse ministérios e desse ordens ao rei em assuntos de Estado? Nenhum desses pensamentos entrou na imaginação dos mais ambiciosos deles. A nobreza já tinha estas pretensões; a Câmara dos Comuns não pretendia nada mais do que ficar isenta de impostos arbitrários e da terrível opressão individual por parte dos oficiais do rei. É uma lei política da natureza que aqueles que estão sob qualquer poder de origem antiga nunca comecem reclamando do poder em si, mas apenas de seu exercício opressivo. Nunca houve reclamações de mulheres por serem insatisfatoriamente usadas por seus maridos. Haveria infinitamente mais, se a queixa não fosse considerada a maior de todas as provocações a uma repetição e aumento do mau uso. Proteger a mulher contra tais abusos é o que frustra todas as tentativas de manter o poder. Em nenhum outro caso (exceto no de uma criança), a pessoa que sofreu um dano, judicialmente comprovado, será colocada novamente sob o poder físico do culpado pelo ato. Assim, as esposas, mesmo nos casos mais extremos e prolongados de danos físicos, quase nunca se atrevem a recorrer às leis feitas para a sua proteção: e se, num momento de indignação irrepreensível ou por interferência de vizinhos, forem induzidas a fazê-lo, seus esforços são para revelar o menos que puderem e para implorar que seu tirano não tenha a punição merecida.

11 Todas as causas, sociais e naturais, se combinam para tornar improvável uma revolta coletiva das mulheres contra o poder dos homens. Elas estão em uma posição tão diferente de todas as outras classes subjugadas, que seus senhores exigem algo mais do que o seu serviço efetivo. Os homens não querem apenas a obediência das mulheres, eles querem seus sentimentos. Todos os homens, exceto os mais brutos, desejam ter na mulher mais próxima a eles não uma escrava conquistada à força, mas uma escrava disposta a isso; não meramente uma escrava, mas a favorita. Assim, eles colocam tudo o que for possível em prática para escravizar suas mentes. Os senhores de todos os outros escravos confiam, para manter a obediência no medo; ou no medo de si mesmos, ou no medo religioso. Os senhores

das mulheres queriam mais do que sua simples obediência, e transformaram toda a força da educação para alcançar seus propósitos. Todas as mulheres são educadas desde os primeiros anos na crença de que seu ideal de caráter é o oposto ao dos homens; sem vontade própria e governadas pelo autocontrole, com submissão e cedendo ao controle por outros. Todas as moralidades e sentimentos afirmam que é dever das mulheres, que é da sua natureza, viver para os outros; fazer completa abnegação de si mesmas e viver somente para aqueles a quem está afeiçoada. E por suas afeições entende-se as únicas que lhes são permitidas - os homens com os quais elas estão ligadas, ou as crianças que constituem um laço adicional e indefectível entre elas e um homem. Quando reunimos três coisas - primeiro, a atração natural entre sexos opostos; segundo, a total dependência da esposa em relação ao marido, todo privilégio ou prazer que ela tem dependem inteiramente da vontade dele; e, por último, que o principal objeto da busca humana, a consideração e todos os objetos de ambição social, em geral, só podem ser procurados ou obtidos por ela por intermédio dele - seria um milagre se o fato de ser atraente para os homens não tivesse se tornado a estrela polar da educação e formação do caráter feminino. E, uma vez adquirido esse grande meio de influência sobre as mentes das mulheres, um instinto de egoísmo fez com que os homens se aproveitassem ao máximo disso como meio de manter as mulheres subjugadas, fazendo-as imaginar que a mansidão, a submissão e a resignação de todos os desejos individuais deveriam ser colocados nas mãos de um homem, como parte essencial da atração sexual. Pode-se duvidar que qualquer um dos outros domínios que a humanidade conseguiu romper com sucesso teria subsistido até agora se os mesmos métodos tivessem existido, e tivessem sido tão sedutoramente utilizados para fazer as mentes se curvarem diante dele? Se o objetivo de vida de cada jovem plebeu fosse encontrar favor pessoal nos olhos de algum patrício, assim como de cada jovem servo em algum senhor; se a familiarização com ele, e uma parte de suas afeições pessoais, tivesse sido realizada como a recompensa que todos eles deveriam procurar, sendo os mais talentosos e aspirantes capazes de contar com os prêmios mais desejáveis; e se, uma vez obtido esse prêmio, tivessem sido afastados por um muro de bronze por lutar por todos os interesses não centralizados nele, todos os sentimentos e desejos a não ser aqueles que seu senhor compartilhava ou inculcava; não teriam os servos e senhores, plebeus e patrícios sido tão amplamente distinguidos como são hoje os homens e as mulheres? E todos, exceto um pensador ou outro, não teriam acreditado que a distinção era um fato fundamental e inalterável da natureza humana?

12 As considerações precedentes são amplamente suficientes para mostrar que o costume, por mais universal que seja, não oferece, neste caso, nenhuma presunção, e não deve criar qualquer preconceito em favor das disposições que colocam as mulheres em sujeição social e política aos homens. Mas posso ir mais longe e afirmar que o curso da história e as tendências da sociedade humana progressista não permitem uma presunção a favor desse sistema de desigualdade de direitos, mas uma forte oposição a ele; e que, até onde o curso geral do aperfeiçoamento humano e o fluxo das tendências modernas garantem qualquer interferência no assunto, pode-se dizer que essa relíquia do passado está em desacordo com o futuro e deve necessariamente desaparecer.

13 Pois qual é o caráter peculiar do mundo moderno – a diferença que distingue principalmente as instituições modernas, as ideias so-

ciais modernas, a própria vida moderna, daquelas de tempos passados? É que os seres humanos não nascem mais para um lugar na vida, acorrentados por uma ligação inexorável ao lugar onde nascem, mas são livres para empregar suas capacidades em quantas chances favoráveis lhes forem oferecidas para alcançar o que mais desejam. A antiga sociedade humana estava baseada em um princípio muito diferente. Todos nasciam em uma posição social fixa e eram mantidos em tal posição pela lei ou proibidos de utilizar qualquer meio pelo qual pudessem sair de tal posição. Assim como alguns homens nascem brancos e outros negros, alguns nasciam escravos e outros, homens livres e cidadãos; alguns nasciam patrícios, outros plebeus; alguns nasciam nobres feudais, outros homens do povo e *roturiers*. Um escravo ou servo nunca poderia se libertar, a não ser pela vontade de seu senhor. Na maioria dos países europeus, foi apenas no final da Idade Média, e como consequência do crescimento do poder régio, que os plebeus puderam se tornar nobres. Mesmo entre os nobres, o filho primogênito nascia como herdeiro exclusivo dos bens paternos, e muito tempo se passou até que se estabelecesse plenamente que o pai poderia deserdá-lo. Entre as classes industriais, somente aqueles que nasciam membros de uma guilda ou fossem admitidos por seus membros podiam praticar legalmente sua vocação dentro de seus limites locais; e ninguém podia praticar qualquer profissão considerada importante, de outro modo, a não ser pela forma legal – por processos prescritos com autoridade. Os fabricantes eram ridicularizados quando presumiam continuar seus negócios utilizando métodos novos e aprimorados. Na Europa moderna, e majoritariamente nas partes que mais participaram de todas as outras melhorias modernas, prevalecem agora doutrinas diametralmente opostas. A lei e o governo não se comprometem a prescrever por quem qualquer operação social ou industrial deve ou não ser conduzida, ou sobre quais são os modos legais de conduzi-la. Essas coisas são deixadas à livre-escolha dos indivíduos. Até mesmo as leis que exigiam que os trabalhadores tivessem um aprendizado foram revogadas neste país: havendo ampla garantia de que em todos os casos em que um aprendizado possa ser necessário, a sua necessidade será suficiente para que ocorra. A antiga teoria era que o mínimo possível deveria ser deixado à escolha do agente individual; que tudo o que ele tinha de fazer deveria, na medida do possível, ser estabelecido para ele pela sabedoria superior. Se agisse sozinho, certamente cometeria um erro. A convicção moderna, fruto de mil anos de experiência, é a de que os assuntos pelos quais o indivíduo é a pessoa diretamente interessada nunca dão certo, a não ser que deixados ao seu próprio critério; e que qualquer regulamentação sobre tais assuntos feita por autoridade, exceto para proteger os direitos de terceiros, será certamente maliciosa. Essa conclusão, obtida lentamente e adotada somente depois de quase toda aplicação possível da teoria contrária ter ocorrido com resultado desastroso, agora (no departamento industrial) prevalece universalmente nos países mais avançados e quase universalmente em todos os que têm pretensões a qualquer tipo de avanço. Não é que todos os processos sejam igualmente bons ou que todas as pessoas sejam igualmente qualificadas para tudo; mas essa liberdade de escolha individual é agora conhecida como a única coisa que proporciona a adoção dos melhores processos e lança cada operação nas mãos daqueles que são mais qualificados para realizá-la. Ninguém julga necessário fazer uma lei para que apenas homem com braços fortes possa ser um ferreiro. A liberdade e a competição são suficientes para fazer com que os ferreiros sejam homens de braços fortes, pois os fracos podem ganhar mais engajando-se em ocupações para as quais são mais aptos. Em consonância com essa doutrina, parece um exagero dos próprios limites da autoridade o fato de estabelecer previamente, em alguma presunção geral, que certas pessoas não são aptas para fazer certas coisas. Agora é amplamente conhecido e admitido que, se algumas dessas presunções existem, nenhuma delas é infalível. Mesmo que estejam bem fundamentadas na maioria dos casos, o que muito provavelmente não deve acontecer, haverá uma minoria de casos excepcionais em que não poderão ser aplicadas: e, nestes casos, é tanto uma injustiça para os indivíduos quanto um prejuízo para a sociedade colocar barreiras no caminho daqueles que usam os seus conhecimentos para benefício próprio e dos outros. Por outro lado, nos casos em que a inaptidão é real, os motivos ordinários da conduta humana serão completamente suficientes para impedir que a pessoa incompetente faça, ou persista na tentativa.

14 Se esse princípio geral da ciência social e econômica não for verdadeiro; se os indivíduos, com a ajuda que podem obter da opinião daqueles que os conhecem, não julgarem suas capacidades e vocações melhor do que a lei e o governo; o mundo não pode abandonar tão cedo esse princípio e retornar ao antigo sistema de regulamentos e incapacidades. Mas se o princípio é verdadeiro, devemos agir como se acreditássemos, e não ordenar que nascer uma menina em vez de um menino, assim como nascer preto em vez de branco, ou plebeu em vez de um nobre, deve decidir a posição da pessoa ao longo de toda a vida – deve-se interditar pessoas de posições sociais mais elevadas, e de todas, exceto algumas poucas ocupações respeitáveis. Mesmo

que admitíssemos o extremo que se pretende quanto à aptidão superior dos homens para todas as funções agora reservadas a eles, o mesmo argumento deveria ser aplicado proibindo uma qualificação legal para os membros do Parlamento. Se apenas uma vez em cada dúzia de anos as condições de elegibilidade excluem uma pessoa apta, há uma perda real, enquanto a exclusão de milhares de pessoas inaptas não é um ganho; pois se a constituição do corpo eleitoral os dispõe para escolher pessoas inaptas, sempre há muitas dessas pessoas para escolher. Em todas as coisas de qualquer dificuldade e importância, aqueles que conseguem fazê-las bem são em menor número do que a necessidade, mesmo com a mais irrestrita liberdade de escolha: e qualquer limitação quanto à seleção priva a sociedade de algumas chances de ser servida pelos competentes, sem nunca a salvar dos incompetentes.

15 Atualmente, nos países mais desenvolvidos, as incapacidades das mulheres são o único caso, salvo um outro, em que as leis e instituições tomam as pessoas com base no seu nascimento e determinam que elas não possam em toda vida ser autorizadas a competir por determinadas coisas. A única exceção é a da realeza. As pessoas ainda nascem para o trono; nenhuma pessoa que não faz parte da família real pode ocupá-lo, e ninguém dessa família pode, por qualquer outro meio que não seja o curso da sucessão hereditária, alcançá-lo. Todas as outras dignidades e vantagens sociais são abertas ao sexo masculino em geral: muitas delas, de fato, só são alcançáveis pela riqueza, mas a riqueza pode ser buscada por qualquer um, e na verdade é obtida por muitos homens de origem muito humilde. As dificuldades, para a maioria, são realmente insuperáveis sem o auxílio de felizes casualidades; porém, nenhum ser humano do sexo masculino está sob qual-

quer proibição legal: nem a lei nem a opinião adicionam obstáculos artificiais aos naturais. A realeza, como já disse, é uma exceção: mas neste caso todas a sentem como uma exceção – uma anomalia no mundo moderno, em evidente oposição aos costumes e princípios, justificada apenas por conveniências especiais extraordinárias que, embora existam inquestionavelmente, os indivíduos e as nações têm diferentes opiniões quanto à sua importância. Mas neste caso excepcional, em que uma alta função social é, por razões importantes, outorgada no nascimento ao invés de ser colocada em concorrência, todas as nações livres conseguem aderir ao princípio do qual nominalmente derrogam; pois eles delimitam essa alta função por meio de condições declaradamente destinadas a impedir que a pessoa a quem aparentemente pertence tal função possa realizá-la; enquanto a pessoa que executa tal tarefa, o ministro responsável, obtém o cargo por meio de um pleito do qual nenhum cidadão adulto do sexo masculino é legalmente excluído. As incapacidades, portanto, às quais as mulheres estão sujeitas pelo simples fato de terem nascido mulheres, são os únicos exemplos do gênero na legislação moderna. Em nenhum caso, exceto neste, que compreende metade da raça humana, as funções sociais superiores são negadas a qualquer pessoa por uma fatalidade de nascimento, que nenhum esforço ou mudança de circunstâncias podem superar; pois mesmo as limitações religiosas (além do fato de que na Inglaterra e na Europa praticamente deixaram de existir) não encerram nenhuma carreira à pessoa desqualificada em caso de conversão.

16 A subordinação social das mulheres destaca-se, assim, como um fato isolado nas instituições sociais modernas; uma violação isolada do que se tornou lei fundamental; uma relíquia singular de um mundo antigo de pensamento e

prática que explodiu em todo o resto, mas se conserva em algo de maior interesse universal; como se um dólmen ou um vasto templo de Júpiter Olímpico ocupasse o lugar de São Paulo e recebesse culto diário, enquanto as igrejas cristãs da redondeza fossem somente frequentadas para jejuns e festividades. Toda essa discrepância entre um fato social e todos aqueles que o acompanham, e a oposição radical entre sua natureza e o movimento progressista que é motivo de orgulho do mundo moderno e tem eliminado sucessivamente tudo de caráter análogo, certamente proporciona a um observador consciente das tendências humanas um sério assunto para reflexão. Isso levanta uma presunção *prima facie* sobre o lado desfavorecido, superando em muito o que o costume e o uso poderiam, em tais circunstâncias, criar sobre o lado favorecido; e deveria pelo menos ser suficiente para fazer disso, assim como a escolha entre republicanismo e realeza, uma questão equilibrada.

17 O mínimo que se pode exigir é que essa questão não seja considerada prejulgada por fatos e opiniões existentes, mas aberta à discussão de seus méritos, como uma questão de justiça e conveniência: a decisão sobre essa questão, como sobre quaisquer outras disposições sociais da humanidade, depende do que uma estimativa elucidativa das tendências e consequências pode mostrar ser mais vantajosa para a humanidade em geral, sem a distinção do sexo. E a discussão deve ser real, iniciada a partir dos fundamentos e não baseada somente em afirmações vagas e gerais. Não adiantará, por exemplo, afirmar em termos gerais que a experiência da humanidade tem se pronunciado a favor do sistema existente. Possivelmente, a experiência não pode decidir entre dois caminhos, uma vez que houve a experiência de apenas um deles. Se for dito que a doutrina da igualdade dos sexos se baseia apenas na teoria, de-

ve ser lembrado que a doutrina contrária também está baseada apenas em teoria. Tudo o que se conseguiu provar em seu favor pela experiência direta é que a humanidade tem sido capaz de existir sob tal experiência e de atingir o grau de melhoria e prosperidade que agora vemos; mas a experiência não diz se essa prosperidade foi alcançada mais cedo, ou se é agora maior do que teria sido sob o outro sistema. Por outro lado, a experiência diz que cada passo de melhoria foi invariavelmente acompanhado por um passo feito na elevação da posição social das mulheres, que historiadores e filósofos foram levados a aceitar sua elevação ou rebaixamento como, de modo geral, o teste mais seguro e a medida mais correta da civilização de um povo ou de uma época. Ao longo de todo o período progressivo da história humana, a condição das mulheres tem se aproximado cada vez mais da igualdade com os homens. Isso, por si só, não prova que a assimilação deve continuar até a completa igualdade; mas, certamente, oferece alguma presunção de que esse é o caso.

18 Também não adianta dizer que a *natureza* dos dois sexos adapta as pessoas às suas funções e posições atuais, e as torna apropriadas a estas. Partindo do fundamento do senso comum e da constituição da mente humana, eu nego que alguém conheça, ou possa conhecer, a natureza dos dois sexos, uma vez que só tenham sido vistos em sua relação atual um com o outro. Se alguma vez os homens tivessem vivido numa sociedade sem as mulheres, ou as mulheres sem os homens, ou se tivesse existido uma sociedade de homens e mulheres em que as mulheres não estivessem sob o controle dos homens, algo poderia ter sido positivamente conhecido sobre as diferenças mentais e morais que podem ser inerentes à natureza de cada um. O que agora é chamado de natureza das mulheres é algo

eminentemente artificial – o resultado da repressão forçada em algumas direções, do estímulo antinatural em outras. Pode-se afirmar sem escrúpulo que nenhuma outra classe de pessoas dependentes teve o seu caráter tão inteiramente distorcido de suas proporções naturais por suas relações com os seus senhores; pois, se as raças conquistadas e escravizadas foram em alguns aspectos mais forçadamente reprimidas, o que nelas não foi esmagado por um salto de ferro foi geralmente deixado em paz, e se deixado com alguma liberdade de desenvolvimento, se desenvolveu de acordo com as suas próprias leis; mas, no caso das mulheres, algumas capacidades de sua natureza foram colocadas em uma estufa para o benefício e prazer de seus senhores. Assim, enquanto certos produtos de força vital geral brotam exuberantemente e alcançam um grande desenvolvimento nessa atmosfera aquecida, sendo ativamente alimentados e aguados, outros brotos da mesma raiz, que são deixados do lado de fora no ar invernal, com gelo propositadamente amontoado ao seu redor, têm um crescimento retardado e alguns são queimados pelo fogo e desaparecem; os homens, incapazes de reconhecer que o seu próprio trabalho discrimina a mente não analítica, acreditam indolentemente que a árvore cresce por si mesma da forma como a fizeram crescer, e que morreria se uma metade dela não fosse mantida na estufa e a outra metade na neve.

19 De todas as dificuldades que impedem o progresso do pensamento e da formação de opiniões bem fundamentadas sobre a vida e os arranjos sociais, a maior delas é agora a indescritível ignorância e desatenção da humanidade em relação às influências que formam o caráter humano. Quaisquer que sejam as partes existentes da espécie humana agora, ou que pareçam ser, supõe-se que elas têm uma tendência natural de ser; mesmo quando o

conhecimento mais elementar das circunstâncias nas quais foram colocadas aponta claramente as causas que as fizeram ser o que são. Porque, a partir da ideia de que um camponês completamente em atraso para com o seu senhorio não é diligente, existem pessoas que pensam que os irlandeses são naturalmente ociosos. Porque as constituições podem ser derrubadas quando as autoridades designadas para as executar se voltam contra elas, existem pessoas que pensam que os franceses são incapazes de fazer um governo livre. Porque os gregos enganaram os turcos, e os turcos só saquearam os gregos, existem pessoas que pensam que os turcos são por natureza mais sinceros. E como as mulheres, como se diz muitas vezes, não se importam com nada da política, a não ser com suas personalidades, supõe-se que o bem geral é naturalmente menos interessante para as mulheres do que para os homens. A história, que atualmente é mais bem compreendida do que antigamente, fornece outra lição: nem que seja apenas a demonstração da extraordinária suscetibilidade da natureza humana às influências externas e a extrema variabilidade das suas manifestações, que são presumidas as mais universais e uniformes. Mas na história, assim como nas viagens, os homens comumente só enxergam aquilo que já estava em suas mentes; e são poucos os que aprendem muito com a história, porque já trazem muito dela consigo quando vão estudá-la.

20 Portanto, no que diz respeito a essa questão tão difícil, as diferenças naturais entre os dois sexos – um assunto sobre o qual é impossível no presente estado da sociedade obter um conhecimento completo e correto –, embora quase todos sigam dogmas sobre tal questão, todos a negligenciam e deixam de dar importância aos únicos meios pelos quais se poderia obter alguma compreensão parcial sobre o assunto. Isto é, um estudo analítico do de-

partamento mais importante da psicologia, as leis da influência que as circunstâncias exercem sobre o caráter. Pois, por maiores e aparentemente permanentes que possam ser as diferenças morais e intelectuais entre homens e mulheres, a evidência de que são diferenças naturais só pode ser negativa. Só se poderia inferir que são naturais aquelas que não tivessem a possibilidade de ser artificiais - ou seja, se não fossem o resíduo, depois de deduzir todas as características de ambos os sexos explicáveis pela educação ou por circunstâncias externas. O profundo conhecimento das leis de formação do caráter é indispensável para que qualquer pessoa possa afirmar até mesmo que existe alguma diferença, muito mais do que a diferença entre os dois sexos considerados como seres morais e racionais; e uma vez que ninguém tem esse conhecimento até agora (pois dificilmente existe um assunto que, proporcionalmente à sua importância, tenha sido tão pouco estudado), ninguém até agora está habilitado a ter qualquer opinião definitiva sobre o assunto. No momento, somente conjecturas podem ser feitas; conjecturas mais ou menos prováveis, de acordo com o maior ou menor conhecimento que temos sobre as leis da psicologia aplicadas à formação do caráter.

21 Mesmo o conhecimento preliminar, de quais são agora as diferenças entre os sexos, além de toda a questão de como se tornaram o que são, ainda está em um dos estágios mais crus e incompletos. Médicos e fisiologistas verificaram, até certo ponto, as diferenças na constituição física; e esse é um elemento importante para os psicólogos. Mas dificilmente um médico será psicólogo. Em relação às características mentais das mulheres, suas observações não são mais valiosas do que as dos homens comuns. É um assunto sobre o qual nada se pode saber de maneira definitiva, uma vez que as úni-

cas que poderiam realmente saber – as próprias mulheres – deram pouco testemunho disso, e esse pouco, subornado em sua maioria. É fácil reconhecer mulheres estúpidas. A estupidez é a mesma em todo o mundo. As noções e os sentimentos de uma pessoa estúpida podem ser inferidos com confiança a partir das noções e dos sentimentos que prevalecem no círculo em torno dela. Isso não é assim com aquelas cujas opiniões e sentimentos são uma emanação de suas próprias naturezas e faculdades. Apenas raramente aparece um homem que tenha um conhecimento razoável do caráter de uma mulher, mesmo que seja de sua própria família. Não me refiro ao conhecimento de suas capacidades; essas ninguém sabe, nem mesmo as mulheres, porque a maioria delas nunca foi chamada a exercê-las. Refiro-me aos seus pensamentos e sentimentos realmente existentes. Muitos homens pensam que entendem perfeitamente as mulheres porque tiveram relações amorosas com várias, talvez muitas delas. Se for um bom observador, e sua experiência se estender tanto à qualidade quanto à quantidade, ele pode ter aprendido algo de um aspecto estreito de sua natureza – um aspecto importante, sem dúvida. Mas, de todo o resto, poucas pessoas são geralmente mais ignorantes do que eles, porque existem poucos de quem isso foi tão cuidadosamente ocultado. O caso mais favorável que geralmente um homem pode ter para estudar o caráter de uma mulher é o de sua própria esposa: as oportunidades são maiores, e os casos de uma simpatia total não são tão inexplicavelmente raros. E, na verdade, essa é a fonte de onde em geral vieram, eu acredito, todos os conhecimentos valiosos sobre o assunto. Mas a maioria dos homens não teve a oportunidade de estudar dessa forma mais do que um único caso: assim, pode-se, em um grau quase risível, inferir como é a mulher de um homem a partir de suas opiniões sobre as mulheres em geral. Para que esse único caso produza algum resultado, a mulher deve valer a pena de ser conhecida, e o homem não deve ser apenas um juiz competente, mas ter um caráter por si mesmo tão compreensivo, e tão bem adaptado ao dela, que ele possa ler a mente dela por intuição ou que nada tenha em si que a faça ficar tímida demais para se revelar. Quase nada, acredito, pode ser mais raro do que essa conjunção. Com frequência acontece de haver a mais completa unidade de sentimento e comunidade de interesses quanto a todas as coisas externas, mas há muito pouca admissão de um deles na vida interior do outro; como se fossem apenas pessoas que se conhecem. Mesmo quando existe verdadeiro afeto, a autoridade de um lado e a subordinação do outro não permitem que haja uma confiança perfeita. Mesmo que nada seja intencionalmente ocultado, muita coisa não é revelada. Na relação análoga entre pai e filho deve ter havido o fenômeno correspondente na observação de cada um deles. Da mesma forma, entre pai e filho, quantos são os casos em que o pai, apesar do real afeto de ambas as partes, o que é óbvio para todo o mundo, não conhece nem suspeita quais sejam as partes do caráter do filho familiares aos seus companheiros e iguais. A verdade é que a posição de admirar o outro é extremamente desfavorável para uma relação de sinceridade e abertura. O medo de perder terreno em sua opinião ou em seus sentimentos é tão forte que, mesmo em um caráter íntegro, existe uma tendência inconsciente de mostrar apenas o lado bom, ou o lado que, mesmo que não seja o melhor, é aquele que o outro mais gostará de ver: e pode ser dito com confiança que um profundo conhecimento mútuo quase nunca existe, a não ser entre pessoas que, além de serem íntimas, são iguais. Quão mais verdadeiro, então, tudo isso pode ser quando uma parte não está somente submetida à autoridade do outro, mas tem nela inculcado o dever de considerar todo o resto como subordinado ao conforto e prazer dele, e não o de deixar ver nem sentir nada que venha dela, exceto o que é agradável para ele. Todas essas dificuldades são um impedimento para que o homem obtenha algum conhecimento profundo, mesmo da única mulher que, em geral, tem oportunidade suficiente para estudar. Quando consideramos que para compreender uma mulher não é necessário compreender nenhuma outra; que, mesmo que ele pudesse estudar muitas mulheres de uma categoria, ou de um país, não poderia compreender mulheres de outras categorias ou de outros países: e mesmo que pudesse, elas ainda são apenas as mulheres de um único período da história; podemos afirmar com segurança que o conhecimento que os homens podem adquirir sobre as mulheres – mesmo que tenha sido, e seja, sem referência ao que elas possam ser – é miseravelmente imperfeito e superficial, e sempre será assim até que as próprias mulheres contem sobre elas mesmas tudo o que têm para contar.

22 E esse tempo ainda não chegou; nem chegará de outra forma senão gradualmente. Foi há pouco tempo que as mulheres foram qualificadas por realizações literárias, ou permitidas pela sociedade a dizer algo ao público em geral. Até agora pouquíssimas ousam dizer algo que os homens, de quem depende o seu sucesso literário, não estejam dispostos a ouvir. Lembremo-nos de que maneira, até muito recentemente, a expressão, mesmo por um autor masculino, de opiniões pouco habituais, ou o que são considerados sentimentos excêntricos, geralmente era, e em algum grau ainda é, recebida; e poderemos então formar alguma concepção tênue sobre o que impede uma mulher, que

é educada para aceitar os costumes e as opiniões como sua regra soberana, de tentar expressar nos livros qualquer coisa extraída das profundezas de sua própria natureza. A mulher mais ilustre que deixou escritos suficientes para dar-lhe um lugar eminente na literatura de seu país, achou necessário prefixar como lema de sua obra mais ousada: "*Un homme peut braver l'opinion; une femme doit s'y soumettre*" ["Um homem pode desafiar a opinião; uma mulher deve se submeter a ela" (G. Staël, *Delphine*)]. A maior parte do que as mulheres escrevem sobre as mulheres é mera bajulação para os homens. No caso de mulheres solteiras, muito disso parece ter a intenção apenas de aumentar as chances de conseguir um marido. Muitas, casadas ou solteiras, ultrapassam o limite e inculcam um servilismo maior do que o desejado ou apreciado por qualquer homem, exceto pelos mais vulgares. Porém, isso não é mais tão frequente quanto já foi em um período anterior. As escritoras estão se tornando mais livres, e mais dispostas a expressar seus verdadeiros sentimentos. Infelizmente, em especial neste país, elas mesmas são produtos tão artificiais que seus sentimentos são compostos de um pequeno elemento de observação e consciência individual, e de um número bastante grande de associações adquiridas. Esse será cada vez menos o caso, mas continuará a ser em grande parte verdadeiro enquanto as instituições sociais não admitirem que as mulheres tenham o mesmo livre-desenvolvimento de originalidade que é possível aos homens. Quando esse tempo chegar, mas não antes, veremos, e não apenas ouviremos, tudo quanto é necessário para conhecer a natureza das mulheres, e a adaptação de outras coisas a ela.

23 Eu me concentrei tanto nas dificuldades que atualmente obstruem qualquer conhecimento real dos homens sobre a verdadeira natureza

das mulheres, porque nesse, como em tantos outros assuntos *opinio copiae inter maximas causas inopiae est*; e há pouca possibilidade de ter um pensamento racional sobre a questão, mesmo quando as pessoas se lisonjeiam por compreender de forma plena um assunto do qual a maioria dos homens não sabe absolutamente nada, e do qual é impossível, neste momento, que qualquer homem, ou todos os homens juntos, tenham um conhecimento que os qualifique a formular uma lei para as mulheres de acordo com o que é, ou não é, a vocação delas. Felizmente, nenhum conhecimento como esse é necessário para qualquer finalidade prática ligada à posição das mulheres em relação à sociedade e à vida. Pois, de acordo com todos os princípios que envolvem a sociedade moderna, a questão deve ficar com as próprias mulheres - a ser decidida pela sua própria experiência e com o uso de suas próprias faculdades. Não existem meios de encontrar o que uma ou muitas pessoas podem fazer a não ser que elas tentem - e não há como qualquer outro possa descobrir por elas o que deve ser feito ou deixado por fazer para sua felicidade.

24 De uma coisa podemos ter certeza - aquilo que é contrário à natureza das mulheres fará com que elas nunca se realizem se simplesmente se der a essa natureza liberdade de existência. A inquietação da humanidade em interferir em favor da natureza, por medo de que a natureza não consiga realizar o seu propósito, é de uma solicitude totalmente desnecessária. É inútil proibir o que as mulheres, por natureza, não podem fazer. No que elas podem fazer, mas não tão bem quanto os homens que são seus concorrentes, a competição é suficiente para excluí-las; desde que ninguém peça deveres de proteção e de generosidade em favor das mulheres; só se espera que os atuais abonos e deveres de pro-

teção em favor dos homens sejam retirados. Se as mulheres têm uma inclinação natural maior para algumas coisas do que para outras, não há necessidade de leis ou inculcação social para que a maioria delas faça as primeiras em detrimento das segundas. Quaisquer que sejam os serviços das mulheres mais procurados, o livre-exercício da competição oferecerá os mais fortes incentivos para que elas empreendam. E, como sugerem as palavras, elas são mais requisitadas para realizar tarefas para as quais são mais habilitadas; por meio da atribuição de tais tarefas, as aptidões coletivas dos dois sexos podem ser aplicadas em conjunto com maior quantidade de resultados valiosos.

25 Acredita-se que a opinião geral dos homens é que a vocação natural de uma mulher é a de esposa e mãe. Eu digo acredita-se, porque a julgar pelas atitudes – de toda a constituição atual da sociedade – pode-se inferir que a opinião dos homens seja exatamente o contrário disso. Talvez eles pensem que a alegada vocação das mulheres seja, de todas as coisas, a mais repugnante para a sua natureza; a tal ponto que, se forem livres para fazer qualquer outra coisa – se lhes fosse aberto qualquer outro meio de vida, ou ocupação de seu tempo e faculdades, que tenha qualquer chance de lhes parecer desejável – não haverá muitas dispostas a aceitar a condição que se afirma ser natural para elas. Se essa é a verdadeira opinião geral dos homens, seria bom que fosse dita. Eu gostaria de ouvir alguém enunciando abertamente a doutrina (que já está implícita em muito do que se escreve sobre o assunto) – "É necessário para a sociedade que as mulheres se casem e produzam filhos. Elas não o farão, a menos que sejam obrigadas. Portanto, é necessário obrigá-las". O mérito do caso ficaria então claramente definido. Seria o mesmo dos senhores de escravos da Carolina

do Sul e da Louisiana. "É necessário que o algodão e o açúcar sejam cultivados. Os homens brancos não podem produzi-los. Os negros não o farão, seja qual for a remuneração que decidamos lhes dar. *Ergo* eles devem ser forçados." Uma ilustração ainda mais próxima à questão é a do recrutamento. Os marinheiros são absolutamente necessários para defender o país. Muitas vezes acontece de eles não se alistarem voluntariamente. Portanto, deve haver um poder capaz de forçá-los. Quantas vezes essa lógica foi usada! E, se não fosse por uma falha dessa lógica, sem dúvida estaria sendo usada com sucesso até agora. Mas fica aberta para réplica – primeiro pague aos marinheiros um valor condizente com o seu trabalho. Se você der ao tempo que ele trabalha o mesmo valor que lhe dariam outros empregadores, não terá mais dificuldade do que os outros para obter seus serviços. Caso contrário, não há outra resposta lógica, a não ser "eu não trabalharei": como atualmente as pessoas não apenas se envergonham, como não desejam roubar o salário do seu trabalhador, o recrutamento não é mais defendido. Aqueles que tentam forçar as mulheres a se casarem fechando todas as outras portas diante delas, colocam-se abertos a uma réplica semelhante. Se elas querem dizer o que dizem, sua opinião deve evidentemente ser a de que os homens não tornam a condição conjugal tão desejável para as mulheres, a ponto de induzi-las a aceitarem tal condição por suas próprias recomendações. Não é um sinal de que se pensa que o benefício que se oferece é muito atraente, quando se permite apenas a escolha de Hobson, "é isso ou nada". E aqui, acredito, está a chave para os sentimentos daqueles homens que têm uma verdadeira antipatia pela liberdade de igualdade das mulheres. Acredito que eles têm medo não de que as mulheres não queiram se casar, porque não creio que ninguém na realidade tenha tal concepção; mas de que elas insistam que o casamento seja em condições de igualdade; de que todas as mulheres com espírito forte e cheias de capacidades prefiram fazer quase qualquer outra coisa não tão degradante a seus olhos quanto se casar, quando o casamento lhes dá um senhor, e um senhor de todas as suas posses terrenas. E de fato, se tal consequência for necessariamente incidente no casamento, penso que essa percepção deveria ser muito bem fundamentada. Concordo em achar provável que, exceto quando sob irresistível *entrainement*, poucas mulheres sejam capazes de qualquer outra coisa, ao se tornarem por um tempo insensíveis a qualquer outra coisa que não elas mesmas, optem por tal opção se tiverem abertos a ela todos os outros meios para ocupar um lugar honroso na vida; e, se os homens estiverem determinados a que a lei do casamento seja uma lei do despotismo, eles estarão certos, no que se refere meramente a uma política coerente, de deixar às mulheres apenas a opção de Hobson. Mas, nesse caso, tudo o que foi feito no mundo moderno para afrouxar as correntes que aprisionam as mentes das mulheres tem sido um erro. Nunca se deveria ter permitido que elas recebessem uma educação literária. Mulheres que leem, mais ainda mulheres que escrevem, são, na atual constituição das coisas, uma contradição e um elemento perturbador: e foi um erro dotá-las com aptidões que não as de uma odalisca, ou de uma empregada doméstica.

Capítulo 2

1 Convém iniciar a discussão detalhada do assunto pelo aspecto particular a que nos levou o rumo tomado por nossas observações: as condições que as leis deste e de todos os outros países incluem no contrato de casamento. Sendo o casamento o destino que a sociedade designa para as mulheres, a perspectiva a que são levadas, e o objetivo que se pretende que seja visado por todas elas, exceto as que são pouco atraentes para serem escolhidas por qualquer homem como companheira, se poderia supor que tudo seria feito para tornar essa condição a mais elegível possível para elas, para que não tivessem motivo para se arrepender por lhes ter sido negada qualquer outra opção. A sociedade, no entanto, neste caso em primeiro lugar, mas também em todos os outros, preferiu alcançar o seu objetivo por meios sujos em vez de meios justos: mas este é o único caso no qual persistiu substancialmente em usá-los até os dias de hoje. Originalmente, as mulheres eram levadas a força, ou vendidas regularmente pelo pai ao marido. Até um período recente na história da Europa, o pai tinha o poder de dispor de sua filha para o casamento de acordo com a sua própria vontade e a seu bel-prazer, sem qualquer consideração pelo bem-estar dela. É verdade que o compromisso da Igreja com a moralidade chegava ao ponto de exigir um "sim" formal da mulher na cerimônia de casamento; mas não havia nada que demonstrasse que o consentimento não era obrigatório; e era pra-

ticamente impossível que a moça recusasse essa anuência se o pai assim perseverasse, exceto talvez quando pudesse obter a proteção da religião, por uma resolução determinada de emitir votos monásticos. Antigamente, depois do casamento, o homem tinha (mas isso foi anterior ao cristianismo) o poder de vida e morte sobre sua esposa. Ela não podia invocar nenhuma lei contra ele; ele era seu único tribunal e sua própria lei. Durante muito tempo ele pôde repudiá-la, mas ela não tinha esse mesmo poder em relação ao marido. Pelas antigas leis da Inglaterra, o marido era chamado de *senhor* da esposa; era considerado literalmente como seu soberano, tanto que o assassinato de um homem pela sua esposa era considerado uma traição (*pequena*, para ser distinguida da *alta* traição), e era mais cruelmente vingado do que normalmente era um caso de alta traição, pois a pena era queimar na fogueira até a morte. Porque várias dessas monstruosidades caíram em desuso (pois a maioria delas nunca foi abolida formalmente, ou não até que há muito deixaram de ser praticadas) os homens supõem que agora tudo é como deveria ser no que tange ao contrato de casamento; e nos é dito continuamente que a civilização e o cristianismo restituíram à mulher seus justos direitos. Enquanto isso, a esposa é a verdadeira serva de seu marido; na mesma medida, no que diz respeito às obrigações legais, do que os escravos comumente assim denominados. No altar, ela promete obediência até a morte, e é obrigada a cumpri-la, por lei, durante toda a sua vida. Os casuístas podem dizer que a obrigação de obediência não se estende à participação em um crime, mas certamente se estende a tudo mais. Ela não pode fazer o que quer que seja a não ser, pelo menos, com uma permissão tácita dele. Ela não pode adquirir nenhuma propriedade, a não ser para ele; no instante em que algo se torna dela, mesmo que por herança, torna-se dele *ipso facto*. Nesse aspecto, a posição da mulher sob a lei comum da Inglaterra é pior do que a dos escravos nas leis de muitos países: pela lei romana, por exemplo, um escravo podia ter seu pecúlio, que até certa medida a lei lhe garantia para seu uso exclusivo. As classes mais altas deste país ofereceram vantagem análoga às suas mulheres, por meio de contratos especiais, à margem da lei, na forma de uma pequena quantidade de dinheiro etc.; como o sentimento que advém do parentesco é mais forte nos pais do que o sentimento de classe relativo a seu próprio sexo, o pai geralmente prefere sua própria filha a um genro, que é um estranho para ele. Por meio de certos arranjos, os ricos geralmente se esforçam para retirar a totalidade ou parte da propriedade que a mulher recebe por herança do controle absoluto do marido; mas eles não conseguem mantê-la sob seu próprio controle; o máximo que podem fazer é evitar que o marido a desperdice, ao mesmo tempo em que impedem sua legítima proprietária de usá-la. A propriedade em si fica fora do alcance de ambos; e quanto à renda derivada dela, a forma de acordo mais favorável para a esposa (aquela determinada "para uso dela em separado") só impede que o marido a receba em seu lugar; deve passar pelas mãos da mulher, mas se o marido, com violência pessoal, a tirar dela assim que ela recebe, não poderá ser punido por isso nem obrigado a restituí-la. Essa é a quantidade de proteção que, sob as leis deste país, o mais poderoso nobre pode dar à sua própria filha em relação ao marido. Na imensa maioria dos casos não existe acordo; e a absorção de todos os direitos, de todos os bens, assim como de toda a liberdade de ação, é completa. Os dois são considerados "uma só pessoa legal", com o propósito de daí se inferir que o que quer que seja dela é dele, mas a inferência paralela nunca é tirada de que o que quer que seja dele é dela; a máxima não é aplicada contra o homem, exceto para torná-lo responsável perante terceiros pelas ações da mulher, como um senhor é pelos atos de seus escravos ou de seu gado. Longe de mim fingir que as mulheres não são geralmente mais bem tratadas do que escravos; mas nenhum escravo é escravo na mesma medida e em um sentido tão completo da palavra quanto é uma esposa. Dificilmente algum escravo, exceto algum ligado diretamente à pessoa do seu senhor, é escravo em todas as horas e em todos os minutos; em geral, como um soldado, ele tem suas tarefas fixas, e, quando são feitas ou quando está fora do serviço, ele dispõe, dentro de certos limites, de seu próprio tempo e tem uma vida familiar na qual o seu senhor raramente se intromete. O Pai Tomás sob seu primeiro senhor tinha sua própria vida em sua cabana, quase tanto quanto qualquer homem cujo trabalho o leva para longe de casa é capaz de ter com sua própria família. Mas para uma esposa não pode ser assim. Acima de tudo, uma escrava tem (nos países cristãos) o direito admitido, e é considerada sob uma obrigação moral, de recusar ao seu senhor a última familiaridade. Não é assim com a esposa: por mais brutal que seja o tirano ao qual ela infelizmente está acorrentada – mesmo que ela saiba que ele a odeia, mesmo que seja o prazer diário dele torturá-la, e mesmo que ela sinta ser impossível não o detestar – ele pode reivindicar direitos sobre ela e lhe impor a mais baixa degradação de um ser humano, a de ser feito um instrumento de uma função animal contrária às suas inclinações. Enquanto ela é mantida com sua própria pessoa nessa pior descrição do que é escravidão, qual é a sua posição em relação aos filhos, em que ela e seu senhor têm um interesse comum? Eles são por lei filhos *dele*. Apenas ele tem quaisquer direitos legais sobre eles. Ela não pode realizar uma ação dirigida aos filhos ou relativa a eles, a não ser por delegação dele. Mesmo depois da morte dele, ela não é a guardiã legal deles, a menos que ele a tenha feito por vontade própria [testamento]. Ele poderia até mesmo tirá-los dela e privá-la dos meios para vê-los ou se corresponder com eles, até que esse poder fosse em certo grau restringido pelo ato de Serjeant Talfourd. Essa é a condição legal da mulher. E dessa condição ela não tem meios para se livrar. Se ela deixar o seu marido, não pode levar nada consigo, nem os filhos, nem qualquer coisa que seja legitimamente sua. Se ele assim escolher, pode obrigá-la a voltar, utilizando a lei ou a força física; ou pode contentar-se em apreender para seu uso próprio tudo o que ela possua, ou que tenha sido dado a ela por seus parentes. Só será uma separação legal se for decretada por uma corte de justiça, que a autorize a viver separada, sem ser forçada a voltar à custódia de um carcereiro exasperado – ou que lhe dê o poder de se valer de qualquer de suas posses para seu uso próprio, sem medo de que um homem que ela talvez não veja durante vinte anos apareça um dia na sua frente e leve embora tudo.

Até recentemente uma corte de justiça só concederia essa separação legal a um custo que a tornava inacessível a quem não pertencesse às mais altas esferas. Mesmo agora só é concedida em casos de deserção ou de extrema crueldade; e ainda assim reclamações são feitas todos os dias de que é concedida com demasiada facilidade. Certamente, se é negado a uma mulher qualquer benefício na vida a não ser o de ser uma serva pessoal de um déspota, e se depende, para todas as coisas, da chance de encontrar alguém que esteja disposto a fazer dela uma favorita em vez de uma mera escrava, é um agravante muito cruel do seu destino que lhe seja permitido tentar essa chance apenas uma vez. A sequência natural e o corolário dessa situação deveriam ser que, como tudo na vida dela depende da obtenção de um bom senhor, ela deveria ter permissão para trocá-lo de novo e de novo até encontrar o certo. Eu não estou dizendo que ela deveria ter esse privilégio. Essa é uma consideração totalmente diferente. A questão do divórcio, no sentido de liberdade para um novo casamento, é um assunto em que não pretendo entrar. Tudo o que digo agora é que, para aquelas a quem nada mais é permitido além da servidão, a livre-escolha dessa condição é o único, embora o mais insuficiente, alívio. Sua recusa torna completa a assimilação da esposa como a figura de um escravo – e do escravo que não está submetido à forma mais branda de escravidão: pois em alguns códigos da escravidão o escravo pode, sob certas circunstâncias de abuso, obrigar legalmente o senhor a vendê-lo. Mas nenhuma quantidade de abuso, sem adultério adicionado, irá na Inglaterra libertar uma esposa de seu algoz.

2 Eu não tenho nenhum desejo de exagerar, nem este caso requer alguma necessidade disso. Eu descrevi a posição legal da esposa, não o tratamento que efetivamente ela recebe. As leis da maioria dos países são muito piores do que as pessoas que as executam, e muitas só conseguem permanecer como tais por raramente ou nunca serem levadas a efeito. Se a vida de casado fosse tudo o que se poderia esperar que fosse, observando as leis, a sociedade seria um inferno sobre a terra. Felizmente, existem tanto sentimentos quanto interesses que em muitos homens excluem totalmente – e na maioria amenizam muito – os impulsos e as propensões que levam à tirania: e, desses sentimentos, o vínculo que une um homem à sua esposa constituiu, incomparavelmente, em uma situação normal, o mais forte exemplo. O único laço que se aproxima desse, o que há entre

ele e seus filhos, tende a fortalecer o primeiro, salvo em casos excepcionais, e não entrar em conflito com ele. Porque isso é verdade; porque os homens geralmente não infligem, nem as mulheres sofrem, toda a miséria que poderia ser infligida e sofrida se fosse exercido todo o poder de tirania do qual o homem é legalmente investido; os defensores da forma atual da instituição pensam que toda a sua iniquidade é justificada e que toda reclamação é meramente uma disputa com o mal, o preço que se paga por cada grande bem. Mas as mitigações praticadas, compatíveis com a ação de manter em plena força legal esta ou qualquer outra forma de tirania, em vez de serem qualquer apologia ao despotismo, servem apenas para provar o poder que a natureza humana tem para reagir contra as instituições mais vis, e com que vitalidade se difundem e propagam no caráter humano tanto as sementes do bem quanto as do mal. Não se pode dizer uma palavra sobre despotismo na família que também não possa ser dita sobre o despotismo político. Nenhum monarca absolutista se senta à sua janela para apreciar os gemidos de seus súditos torturados, nem tira deles seus últimos trapos e os expulsa de casa para tremerem de frio na rua. O despotismo de Luís XVI não foi o despotismo de Filipe o Belo, ou o de Nader Xá, ou o de Calígula; mas foi suficientemente ruim para justificar a Revolução Francesa, e até para atenuar os seus horrores. Se for feito um apelo aos laços intensos que existem entre as esposas e seus maridos, exatamente o mesmo se poderia dizer da escravidão doméstica. Era um fato bastante comum na Grécia e em Roma que os escravos se submetessem à tortura até a morte em vez de trair os seus senhores. Nas proscrições das guerras civis romanas se observava que as esposas e os escravos eram heroicamente fiéis, e os filhos, muito comumente traiçoeiros. No entanto, sabemos quão cruelmente muitos romanos tratavam os seus escravos. Mas, na verdade, esses intensos sentimentos individuais não chegaram, em nenhum lugar, a uma altura tão exuberante quanto as instituições mais atrozes. Faz parte da ironia da vida que os mais fortes sentimentos de gratidão devotada, dos quais a natureza humana parece ser suscetível, sejam aqueles despertados nos seres humanos em relação àqueles que, tendo o poder de esmagar inteiramente a sua existência terrena, voluntariamente se abstêm de usar esse poder. Seria cruel inquirir em que medida esses sentimentos, mesmo na devoção religiosa, estão presentes na maioria dos homens. Vemos diariamente o quanto sua gratidão ao céu parece ser estimulada pela contemplação de seus semelhantes para com os quais Deus não tem sido tão misericordioso quanto para com eles mesmos.

3 Quer a instituição a ser defendida seja a escravidão, quer seja o absolutismo político ou o absolutismo do chefe de família, sempre se espera que as julguemos a partir de seus melhores aspectos; e somos apresentados a quadros de exercício amoroso de autoridade, por um lado, e de submissão amorosa a ela, por outro – enquanto uma sabedoria superior ordena todas as coisas para o bem maior dos dependentes, e rodeados por seus sorrisos e bênçãos. Tudo isso seria muito útil se alguém fingisse que não existem homens bons. Quem duvida que possa haver grande bondade, grande felicidade e grande afeição sob o governo absoluto de um homem bom? Enquanto isso, as leis e instituições precisam ser adaptadas, não aos homens bons, mas aos maus. O casamento não é uma instituição designada para alguns poucos selecionados. Os homens não são obrigados, como uma preliminar à cerimônia do casamento, a comprovar por meio de testemunhas que são aptos a serem confiados ao

exercício do poder absoluto. O laço de afeição e de obrigação para com a esposa e os filhos é muito forte naqueles que são pouco sensíveis a qualquer outro laço social; mas há graus de sensibilidade e de insensibilidade em relação a isso, assim como há graus de bondade e de maldade nos homens, até naqueles que não se ligam por nenhum laço e sobre os quais a sociedade não tem nenhuma ação a não ser por meio de sua *ultima ratio*, as penalidades da lei. Em cada grau dessa escala descendente existem homens aos quais se outorgam todos os poderes legais de um marido. O mais vil dos malfeitores pode ter alguma mulher desafortunada ligada a ele, contra a qual ele pode cometer qualquer atrocidade, exceto matá-la, e se for razoavelmente cauteloso poderá fazê-lo sem muito risco de uma penalidade legal. E quantos milhares existem entre as classes mais baixas de cada país, que, sem serem no sentido legal malfeitores em outros aspectos, pois em outros lugares suas agressões encontrariam resistência, se permitem os maiores excessos habituais de violência física contra sua infeliz esposa, que, sozinha, ao menos em relação a outros adultos, não pode repelir sua brutalidade nem escapar dela; e cujo excesso de dependência inspira a natureza vil e selvagem do marido, não com uma generosa indulgência, para ter como ponto de honra se comportar bem com alguém cuja sorte na vida é inteiramente depositada à sua bondade; mas, ao contrário, com a noção de que a lei a entregou a ele como coisa sua, para ser usada a seu bel-prazer, e que dele não se espera que tenha para com ela a mesma consideração que lhe é requerida em relação a todos os outros. A lei, que até recentemente deixou até mesmo essas atrocidades mais extremas da opressão doméstica praticamente impunes, fez, nestes poucos anos, fracas tentativas de reprimi-las. Mas essas tentativas pouco fizeram, e não se pode esperar que façam muito, pois é contrário à razão e à experiência supor que possa haver qualquer controle real da brutalidade, enquanto se deixa a vítima ainda sob o poder de seu algoz. Até que uma condenação por violência pessoal, ou em último caso uma repetição depois de uma primeira condenação, permita que a mulher *ipso facto* se divorcie, ou ao menos obtenha uma separação judicial, a tentativa de reprimir essas "agressões agravadas" com penalidades legais fracassará por falta de um promotor ou por falta de uma testemunha.

4 Quando consideramos quão vasto é o número de homens, em qualquer grande país, que são pouco superiores aos brutos, e que isso nunca os impede, pela lei do casamento, de serem capazes de obter para si uma vítima, a amplitude e a profundidade da miséria humana causada somente por essa forma de abuso da instituição assume uma proporção terrível. No entanto, esses são apenas os casos extremos. Eles constituem os abismos mais profundos, mas há uma triste sucessão de profundidade após profundidade antes de serem atingidos. Tanto na tirania doméstica quanto na tirania política, o caso de monstros absolutos ilustra principalmente a instituição, mostrando que não há praticamente nenhum horror que não possa ocorrer se o déspota assim quiser, o que coloca sob uma luz forte aquilo que deve ser a terrível frequência de fatos que são apenas um pouco menos atrozes. Demônios absolutos são tão raros quanto anjos, talvez até mais raros; no entanto, selvagens ferozes, com ocasionais toques de humanidade são muito mais frequentes; e no amplo intervalo que separa estes de quaisquer dignos representantes da espécie humana, quantas são as formas e gradações de animalismo e egoísmo, muitas vezes sob um verniz exterior de civilização, até mesmo de refinamento, que vivem em paz com a lei, que mantêm

uma aparência digna de crédito a todos os que não estão sob o seu domínio, mas suficientes para fazer com que a vida daqueles que estão [sob seu domínio] seja um tormento e um fardo! Seria cansativo repetir os lugares-comuns sobre a inaptidão dos homens em geral para o exercício do poder, o que, depois de discussões políticas que duram séculos, todos sabem de cor, se não fosse o fato de que quase ninguém pensa em aplicar essas máximas ao caso em que, acima de todos os outros, seriam aplicáveis, o do poder não colocado nas mãos de um homem aqui e outro ali, mas oferecido a cada adulto do sexo masculino, baixando o nível até o mais torpe e o mais feroz deles. Não é porque um homem não seja conhecido por ter transgredido algum dos dez mandamentos, ou por ter mantido um caráter respeitável em suas relações com aqueles a quem não pode obrigar a ter relações com ele, ou porque não se precipita em violentas explosões de mau temperamento contra aqueles que não são obrigados a suportá-lo, que se poderá conjecturar que tipo de comportamento terá no espaço irrestrito do lar. Mesmo o mais comum dos homens reserva as manifestações do lado violento, emburrado, indisfarçadamente egoísta do seu caráter para aqueles que não têm o poder de resistir a isso. A relação de superiores com os seus dependentes é o que alimenta esses vícios de caráter, os quais, onde quer que existam, são um transbordamento daquela fonte. Um homem que é taciturno ou violento para com os seus iguais certamente viveu entre inferiores que ele submeteu ameaçando ou atemorizando. Se a família em suas melhores formas é, como muitas vezes se diz, uma escola de empatia, ternura e amoroso esquecimento de si mesma, ainda é mais frequentemente, em relação ao seu chefe, uma escola de voluntariedade, de autoritarismo, de ilimitada indulgência e de um egoísmo pertinaz e idealizado, na qual sacrificar a si mesmo só tem uma forma particular: o cuidado com a esposa e os filhos sendo apenas o cuidado que se tem com partes dos próprios interesses e pertences do homem, a felicidade individual deles sendo imolada de todas as formas em função de suas menores preferências. O que de melhor deve ser procurado na forma existente dessa instituição? Sabemos que as más propensões da natureza humana só são mantidas dentro dos limites quando não se permite margem de indulgência para com elas. Sabemos que, por impulso e por hábito, quando não por propósito deliberado, quase toda pessoa a quem outros se submetem acaba abusando deles, até chegar a um ponto em que são compelidos a resistir. Sendo essa tendência comum da natureza humana, o poder quase ilimitado que as atuais instituições sociais concedem ao homem sobre pelo menos um ser humano - aquele com quem mora, e quem tem sempre presente -, esse poder busca e evoca germes latentes do egoísmo nos recantos mais remotos de sua natureza - ventilando as suas faíscas mais fracas e as suas brasas fumegantes - lhe oferece licença para ser indulgente com aqueles aspectos de seu caráter original que, em todas as outras relações, teria achado necessário reprimir e ocultar, e cuja repressão se tornaria com o tempo uma segunda natureza. Sei que existe outro lado para essa questão. Admito que a esposa, se não puder resistir efetivamente, pode ao menos retaliar; ela também pode tornar a vida do homem extremamente desconfortável, e tal poder é capaz de levar a muitas situações em que ela poderia, e muitas em que não poderia, prevalecer. Mas esse instrumento de autoproteção - que pode ser chamado de poder de repreensão, ou o castigo da megera - tem o defeito fatal de ser mais eficaz contra os dominadores menos tirânicos, e de favorecer as dependentes que menos precisam dele. É a arma das mulheres irritadiças e obstinadas; daquelas que fariam o pior uso do poder se elas próprias o detivessem, e que de modo geral de fato o fazem. As amáveis não podem usar tal instrumento, as que têm altos princípios morais o desdenham. E, por outro lado, os maridos contra os quais ele é mais efetivo são os mais gentis e inofensivos; aqueles que não podem ser induzidos, mesmo por provocação, a recorrer a algum exercício muito severo de autoridade. O poder que a esposa tem de ser desagradável geralmente só estabelece uma contratirania, e por sua vez transforma em vítimas principalmente aqueles maridos menos inclinados a serem tiranos.

5 O que é, então, que realmente atenua os efeitos corruptores do poder e o torna compatível com a incidência do bem como realmente vemos? Meras lisonjas femininas, embora de grande efeito em esferas individuais, têm muito pouco efeito na modificação das tendências gerais da situação; pois seu poder só dura enquanto a mulher é jovem e atraente, muitas vezes apenas enquanto seu encanto é novidade, e não obscurecido pela familiaridade; e em muitos homens não tem muita influência em nenhum momento. As verdadeiras causas de atenuação são uma afeição pessoal que cresce com o passar do tempo, na medida em que a natureza do homem for suscetível a isso, e um caráter da mulher suficientemente compatível com o seu para entusiasmá-lo; seus interesses comuns em relação aos filhos e sua comunidade de interesses em relação a terceiros (para os quais, no entanto, existem limitações muito grandes); a verdadeira importância da esposa para seus confortos e prazeres diários, e o valor que ele consequentemente lhe atribuiu em seu balanço pessoal, o que, em um homem capaz de ter sentimento por outros, constituiu o fundamento para que goste dela

por si mesma; e, por último, a influência naturalmente adquirida sobre quase todos os seres humanos pelas pessoas que lhe são próximas (se não forem de seu desagrado): os quais, tanto por suas solicitações diretas quanto pelo contágio imperceptível de seus sentimentos e disposições, muitas vezes são capazes, a menos que ante a ação contrária de alguma influência pessoal igualmente forte, de obter algum grau de comando sobre o comportamento excessivo e irracional do superior. Por todos esses meios, a esposa frequentemente exerce sobre o homem um poder até mesmo demasiado; ela é capaz de influenciar a conduta dele em coisas nas quais ela não é qualificada para influenciar para o bem – nas quais sua influência pode não ser apenas pouco sábia, mas empregada do lado moralmente errado – e nas quais ele agiria melhor se fosse deixado à sua própria iniciativa. Mas nem nos assuntos de família, nem nos de Estado o poder é uma compensação pela perda da liberdade. O poder muitas vezes pode dar a ela aquilo a que não tem direito, mas não lhe permite fazer valer seus próprios direitos. A escrava preferida de um sultão dispõe de escravos, sobre os quais ela tiraniza; mas o desejável seria que ela não tivesse escravos nem fosse uma escrava. Ao dedicar inteiramente sua própria existência a seu marido; ao não ter qualquer vontade (ou ao convencê-lo de que não a tem) a não ser a dele em tudo o que diz respeito à relação entre eles, e ao fazer com que o objetivo de sua vida seja trabalhar sobre os sentimentos dele, uma esposa pode se sentir gratificada por influenciar, e muito provavelmente perverter, o comportamento dele para com suas relações externas, que ela nunca foi qualificada para julgar, ou em relação às quais ela está totalmente influenciada por alguma parcialidade ou algum preconceito pessoal ou de outra natureza. Assim, da maneira como as coisas são hoje, aqueles que agem mais gentilmente com suas esposas se tornam, frequentemente, piores ou melhores pela influência delas no que diz respeito a todos os interesses que se estendem além da família. Ela é ensinada que não tem nada a ver com coisas que estão fora dessa esfera; e por isso ela raramente tem alguma opinião honesta e consciente quanto a elas; e, assim, dificilmente vai se intrometer nelas com algum propósito legítimo, a não ser, em geral, um que atenda ao seu próprio interesse. Ela não sabe nem se importa qual é o lado certo na política, mas sabe o que vai render dinheiro ou convites, dar ao seu marido um título, a seu filho uma colocação, ou a sua filha um bom casamento.

6 Mas como, se perguntará, pode existir uma sociedade sem governo? Em uma família, como em um Estado, uma pessoa tem de ser o governante definitivo. Quem deve decidir quando pessoas casadas divergem de opinião? Duas opiniões não podem prevalecer juntas, portanto, é preciso escolher entre uma e outra.

7 Não é verdade que em toda associação voluntária entre duas pessoas uma delas deva ser o senhor absoluto: ainda menos que a lei deve determinar qual delas deve ser. O caso mais frequente de associação voluntária, depois do casamento, é a parceria nos negócios: e não acontece, nem se acha necessário decretar que em toda parceria um dos sócios deva ter controle total, e que os outros devam ser obrigados a obedecer às suas ordens. Ninguém entraria em uma sociedade regida por termos que o sujeitassem às responsabilidades de um principal, ficando apenas com os poderes e os privilégios de um funcionário ou agente. Se a lei tratasse outros contratos como trata o do casamento, determinaria que um dos sócios administraria os negócios comuns como se fossem uma preocupação particular sua;

que os outros só teriam poderes por delegação; e que aquele deveria ser designado por algum pressuposto legal, por exemplo, por ser o mais velho. A lei nunca faz isso: nem a experiência mostra ser necessário que exista desigualdade de poderes entre os sócios, ou que a sociedade deve ter quaisquer outras condições além daquelas que eles mesmos indicam nos artigos de seu acordo. Contudo, parece que o poder exclusivo pode ser concedido com menos perigo para os direitos e interesses do inferior no caso da sociedade do que no caso do casamento, uma vez que este está livre para cancelar tal poder retirando-se do negócio. A esposa não tem tal poder, e mesmo que o tivesse é quase sempre desejável que ela tente todos os meios possíveis antes de recorrer a ele.

8 É bem verdade que assuntos que precisam ser decididos todos os dias, e que não podem se acomodar gradualmente, ou esperar por um acordo, devem depender de uma só vontade; uma pessoa deve ter o controle único sobre eles. Mas isso não significa que deva ser sempre a mesma pessoa. O arranjo natural é a divisão de poderes entre as duas; cada uma absoluta na parte executiva de seu próprio departamento, devendo qualquer mudança no sistema e no princípio requerer o consentimento de ambas. A divisão não deve nem deveria ser estabelecida por lei, uma vez que deve depender das capacidades e aptidões individuais. Se as duas pessoas assim escolherem, elas poderiam predeterminar isso no contrato de casamento, como muitas vezes já se predeterminam as questões pecuniárias. Raramente deveria haver dificuldade para decidir essas coisas por mútuo consentimento, a menos que o casamento seja um desses infelizes nos quais todas as outras coisas, assim como esta, se tornam motivos de brigas e disputas. A divisão de direitos seguiria naturalmente a divisão de deveres e funções; e esta já é feita

por consentimento, ou, em todo caso, não por lei, mas por costume geral, modificado e modificável a critério das pessoas envolvidas.

9 A quem deve ser dada autoridade legal para a verdadeira decisão prática do assunto dependerá muito, como já depende agora, da comparação de qualificações. O simples fato de comumente ser dada ao mais velho na maioria dos casos confere preponderância ao homem; pelo menos até que ambos atinjam uma fase da vida em que a diferença de idade não tenha importância. Naturalmente também haverá uma voz mais potente do lado, seja ela qual for, que traga os meios de sustento. A desigualdade dessa fonte não depende da lei do casamento, mas das condições gerais da sociedade humana, tal como hoje é constituída. A influência da superioridade mental, seja em sentido geral ou especial, e do caráter mais dominante, necessariamente vão contar muito. Isso sempre conta, mesmo no presente. E esse fato mostra quão pouco fundamentada é a percepção de que poderes e responsabilidades de parceiros na vida (como dos sócios nos negócios) não podem ser satisfatoriamente repartidos por acordo entre eles mesmos. Eles são sempre distribuídos assim, exceto nos casos em que a instituição matrimonial é um fracasso. As coisas nunca chegam a uma questão de um poder de cima para baixo, de um lado, e de obediência, de outro, exceto quando toda a relação foi um erro, e seria uma bênção para ambas as partes serem aliviadas dela. Alguns podem dizer que aquilo que faz com que um acordo amigável de diferenças seja possível é o poder de compulsão legal que se sabe estar disponível; assim como as pessoas se submetem a um arbitramento porque existe uma corte de justiça por trás, à qual elas sabem que seriam obrigadas a obedecer. Mas, para estabelecer um paralelo entre os casos, devemos supor que o papel da

corte de justiça seria não o de julgar o caso, mas de ter a decisão pronta sempre para o mesmo lado, presumivelmente o acusado. Sendo assim, a receptividade disso seria motivo para o requerente concordar com quase todo o arbitramento, mas seria justamente o contrário por parte do acusado. O poder despótico que a lei confere ao marido pode ser um motivo para fazer com que a esposa concorde com qualquer compromisso pelo qual o poder é na prática compartilhado entre os dois, mas isso não seria motivo para que o marido o fizesse. O fato de sempre existir um compromisso prático entre pessoas que se comportam decentemente, embora pelo menos uma delas não tenha nenhuma necessidade física ou moral de assumi-lo, demonstra que os motivos naturais que levam a um ajuste voluntário de duas pessoas em união de vida, de forma aceitável para ambas, acaba no todo prevalecendo, exceto em casos desfavoráveis. A questão certamente não seria melhorada com o estabelecimento por disposição legal que a superestrutura de um governo livre se apoiasse em uma base legal de despotismo de um lado, e de sujeição do outro, e que toda concessão que o déspota pudesse fazer fosse a seu próprio critério, e pudesse ser retirada sem qualquer advertência. Além disso, nenhuma liberdade vale muito quando sua posse é tão precária, e suas condições parecem ser das mais equitativas quando a lei aplica tão prodigamente seu peso em um dos lados; quando, em um ajuste entre duas pessoas, uma é declarada como tendo direito a tudo, e a outra sem direito a nada, exceto pelo bom prazer da primeira, mas submetida à mais forte obrigação moral e religiosa de não se rebelar sob qualquer excesso de opressão.

10 Um adversário persistente, se levado ao extremo, poderia dizer que os maridos estão realmente dispostos a ser razoáveis e a fazer

concessões justas a suas parceiras, sem serem compelidos a isso, mas que as esposas não querem isso: que, se forem permitidos a elas quaisquer direitos, elas não reconhecerão nenhum direito a qualquer outro, e nunca cederão em nada, a menos que possam ser obrigadas pela mera autoridade do homem a ceder em tudo. Isso teria sido dito por muitas pessoas há algumas gerações, quando sátiras sobre as mulheres estavam em voga, e os homens achavam inteligente insultar as mulheres por serem o que os homens as tinham feito ser. Mas isso não será dito por ninguém que valha a pena contestar. Não faz parte da doutrina dos dias de hoje que as mulheres sejam menos suscetíveis do que os homens a bons sentimentos e consideração por aqueles a quem estão unidas pelos laços mais fortes. Pelo contrário, ouvimos permanentemente que as mulheres são melhores do que os homens, por aqueles que se opõem totalmente a tratá-las como se fossem tão boas; de modo que essa ideia já passou a ser uma cansativa cantilena, destinada a colocar uma faceta complementar a uma injúria, e semelhante àquelas celebrações de clemência monárquica que, segundo Gulliver, o rei de Liliput sempre acrescentava aos seus decretos mais sanguinários. Se as mulheres são melhores do que os homens em alguma coisa, certamente é no autossacrifício por aqueles de sua própria família. Mas coloco pouca ênfase nisso, uma vez que universalmente se considera que tenham nascido e sido educadas para o autossacrifício. Acredito que a igualdade de direitos diminuiria essa exagerada autoabnegação, que constitui o atual e artificial ideal de caráter feminino, e que uma boa mulher não teria então o espírito de autossacrifício maior do que o do melhor homem; mas, por outro lado, os homens seriam muito mais abnegados e autossacrificados do que são atualmente, porque não seriam mais ensinados a adorar sua própria vontade como algo tão grande a ponto de se constituir em lei para outro ser racional. Não há nada que os homens aprendam tão facilmente como essa egolatria: todas as pessoas privilegiadas, e todas as classes privilegiadas, a experimentaram. Quanto mais descemos na escala da humanidade, mais intensa ela é; e mais do que em todos, naqueles que não são, e nem se poderia esperar que estivessem, em posição mais elevada do que ninguém, exceto sua infeliz esposa e seus infelizes filhos. As honrosas exceções são proporcionalmente menores do que as que ocorrem em quase qualquer outra fragilidade humana. A filosofia e a religião, em vez de manterem isso sob controle, geralmente são subornadas a defendê-lo; e nada exerce controle sobre isso, exceto aquele sentimento prático de igualdade entre seres humanos, uma teoria cristã, mas que o cristianismo nunca ensina na prática, e sim sanciona instituições fundamentadas na preferência arbitrária de um ser humano em detrimento de outro.

11 Sem dúvida, há mulheres, assim como homens, a quem a igualdade de consideração não irá satisfazer; para quem não haverá paz enquanto qualquer vontade ou desejo que for considerado não seja o delas mesmas. Tais pessoas são objeto adequado para a lei do divórcio. Apenas estão aptas a viverem sozinhas, e nenhum ser humano deve ser obrigado a associar sua vida à delas. Mas a subordinação legal tende a tornar tais personagens mais frequentes entre as mulheres, em vez de menos. Se o homem exerce todo o seu poder, a mulher, naturalmente, é esmagada; mas, se ela é tratada com indulgência e se lhe for permitido assumir o poder, não há regra que estabeleça limites a seus abusos. A lei, ao não determinar quais são os seus direitos, mas teoricamente não lhe permitindo nenhum, praticamente declara que a medida daquilo a que ela tem direito é o que ela pode tramar para conseguir.

12 A igualdade entre pessoas casadas perante a lei não é apenas a única maneira pela qual se pode fazer com que essa relação específica seja coerente com a justiça para ambos os lados e propícia à felicidade dos dois, mas é o único meio de fazer com que a vida cotidiana da humanidade, em qualquer sentido elevado, seja uma escola para o cultivo da moral. Embora a verdade não possa ser sentida ou normalmente aprendida pelas gerações ainda por vir, a única escola para um genuíno sentimento moral é a de uma sociedade entre iguais. A educação moral da humanidade emanou até agora principalmente da lei da força, e se adapta quase exclusivamente às relações criadas pela força. Nos estágios menos avançados de sociedade, as pessoas quase não reconhecem qualquer relação com os seus iguais. Ser um igual significa ser um inimigo. A sociedade, do seu lugar mais elevado até o mais baixo, é uma longa cadeia, ou melhor, uma escada, em que cada indivíduo está acima ou abaixo de seu vizinho mais próximo, e, seja onde for, se não comanda, então deve obedecer. Portanto, as moralidades existentes se aplicam principalmente a uma relação de comando e obediência. No entanto, o comando e a obediência são apenas infelizes necessidades da vida humana; a igualdade é o estado normal da sociedade. Já na vida moderna, e cada vez mais à medida que melhora progressivamente, o comando e a obediência se tornam fatos excepcionais na vida, e a associação de iguais é a regra geral. A moralidade das épocas primitivas se baseava na obrigação de se submeter ao poder; a das épocas seguintes, no direito dos fracos à indulgência e proteção em relação aos fortes. Por quanto tempo ainda poderá uma forma de sociedade e de vida se contentar com uma moralidade que foi feita para outra? Tivemos a moralidade da submissão e a moralidade do cavalheirismo e da generosidade;

agora é tempo da moralidade da justiça. Sempre que, em épocas anteriores, foi feita alguma tentativa de uma sociedade de igualdade, a justiça reivindicou seu papel como fundamento das virtudes. Foi assim nas repúblicas livres da Antiguidade. Mas, mesmo nas melhores entre elas, os iguais estavam limitados aos cidadãos livres do sexo masculino; escravos, mulheres e os residentes não emancipados estavam sob a lei da força. A influência conjunta da civilização romana e do cristianismo obliteraram essas distinções e, em teoria (embora apenas parcialmente na prática), declararam que as reivindicações do ser humano, como tal, são preponderantes as de um sexo, uma classe ou uma posição social. As barreiras que começavam a ser derrubadas foram novamente levantadas pelas conquistas do norte; e toda a história moderna consiste no lento processo pelo qual estão se desgastando. Estamos entrando em uma ordem de coisas em que a justiça será novamente a principal virtude; fundamentada, como antes, na igualdade, mas agora também em uma associação mais solidária; tendo sua raiz não mais no instinto entre iguais para autoproteção, mas em uma afinidade cultivada entre eles; e ninguém sendo deixado de fora agora, mas uma medida igual se estendendo a todos. Não é novidade que a humanidade não preveja distintamente suas próprias mudanças, e que seus sentimentos estejam adaptados ao passado, e não às eras futuras. Prever o futuro das espécies sempre foi um privilégio da elite intelectual ou daqueles que aprenderam com ela; ter sensibilidade em relação a esse futuro tem sido a distinção, e geralmente o martírio, de uma elite ainda mais rara. Instituições, livros, educação, sociedade, tudo serve para treinar seres humanos para o que já é antigo, muito depois de ter chegado o novo; mais ainda quando o novo é recém-chegado. Mas a verdadeira virtude dos seres humanos é a aptidão para viverem juntos como iguais; nada reivindicando para si mesmos, a não ser o que concedem de livre-vontade a todos os outros; considerando qualquer tipo de comando como uma necessidade excepcional, e, em todos os casos, temporária; e preferindo sempre que possível a sociedade daqueles com quem liderar e seguir pode ser alternativa e recíproca. Nada da vida, conforme atualmente constituída, serve como exercício para o cultivo dessas virtudes. A família é uma escola de despotismo na qual as virtudes do despotismo, como também seus vícios, são em grande parte alimentados. A cidadania, nos países livres, é em parte uma escola de sociedade igualitária; mas ela ocupa apenas um pequeno espaço na vida moderna, e não se aproxima dos hábitos diários ou dos sentimentos mais íntimos. A família, justamente constituída, seria a verdadeira escola para as virtudes da liberdade. Certamente seria uma escola suficiente para tudo o mais. Será sempre uma escola de obediência para os filhos, e de comando para os pais. O que é necessário é que seja uma escola de empatia na igualdade, de viver juntos no amor, sem poder de um lado nem obediência para o outro. É isso que deveria haver entre os pais. Seria então um exercício daquelas virtudes que cada um requer para se adequar a todas as outras associações, e para as crianças um modelo dos sentimentos e comportamento que seu treinamento temporário por meio da obediência visa a tornar habituais e, portanto, naturais para elas. O treinamento moral da humanidade nunca estará adaptado às condições da vida para a qual qualquer outro progresso humano é uma preparação, até que se pratique em família a mesma regra moral que é adaptada à constituição normal da sociedade humana. Qualquer sentimento de liberdade que possa existir em um homem cuja intimidade mais próxima e prezada é com aqueles sobre os quais ele é senhor absoluto não é o amor genuíno ou cristão pela liberdade, mas aquilo que o amor à liberdade em geral era na Antiguidade e na Idade Média: um intenso sentimento da dignidade e importância de sua própria personalidade; que o faz desdenhar de um jugo para si mesmo, pelo qual não tem repulsa, mesmo abstratamente, mas que está abundantemente disposto a impor aos outros para seu próprio interesse ou glorificação.

13 Eu admito prontamente (e este é o próprio fundamento das minhas esperanças) que muitas pessoas casadas, mesmo sob a lei atual (nas classes mais altas da Inglaterra, provavelmente uma grande maioria), vivem no espírito de uma lei justa de igualdade. As leis nunca seriam melhoradas se não houvesse várias pessoas cujos sentimentos morais são melhores do que as leis existentes. Tais pessoas devem apoiar os princípios aqui defendidos, dos quais o único objetivo é fazer com que todos os outros pares casados sejam semelhantes ao que são agora esses aos quais me referi. Até mesmo pessoas de considerável valor moral, a menos que sejam também pensadores, estão muito propensas a acreditar que as leis ou práticas cujos males não experimentaram pessoalmente, não produzem nenhum mal, mas (se tudo indica que são aprovadas de um modo geral) provavelmente causam o bem, e que é errado fazer objeções a elas. No entanto, seria um grande erro essas pessoas casadas suporem, porque as condições legais do laço que as une não lhes vêm ao pensamento uma vez em cada doze meses, e porque vivem e se sentem em todos os aspectos como se fossem legalmente iguais, que o mesmo acontece com todos os outros casais em que o marido não é um notório rufião. Tal suposição seria demonstrar uma ignorância da natureza humana igual a ignorância dos fatos. Quanto

menos apto for um homem para ter poder - sendo o que menos possibilidade tem de que se lhe permita exercê-lo sobre qualquer pessoa com o consentimento voluntário dela -, mais ele se abraça à consciência do poder que a lei lhe confere, exigindo seus direitos legais até o ponto máximo que o costume (costume de homens que são como ele) irá tolerar, com o prazer em usar o poder meramente para avivar o agradável sentido de o possuir. E mais; na parte mais naturalmente brutal e sem educação moral das classes mais baixas, a escravidão legal da mulher, e de certo modo a sujeição meramente física dela à vontade do homem, como se fosse um instrumento, fazem com que ele sinta uma espécie de desrespeito e desprezo pela própria esposa, que não sente em relação a nenhuma outra mulher, ou nenhum outro ser humano, com quem entra em contato; e que faz com que ela lhe pareça ser um objeto apropriado para qualquer tipo de indignidade. Que um observador sagaz dos sinais de sentimento, com as devidas oportunidades, julgue por si mesmo que não é o caso - e se descobre que é -, que não se admire com a quantidade de repugnância e indignação que se faz sentir contra instituições que levam naturalmente a esse estado depravado da mente humana.

14 Talvez nos seja dito que a religião impõe o dever da obediência; assim como todo fato estabelecido que é ruim demais para se admitir por qualquer outra defesa, nos é sempre apresentado como injunção da religião. A Igreja, é verdade, prescreve isso em suas fórmulas, mas seria difícil derivar tal injunção do cristianismo. Contam-nos que São Paulo disse: "Esposas, obedecei aos vossos maridos"; mas ele também disse: "Escravos, obedeçam aos vossos senhores". Não era preocupação de São Paulo, nem era coerente com seu objetivo de propagar o cristianismo, incitar quem quer que fosse

à rebelião contra as leis existentes. A aceitação pelo Apóstolo de todas as instituições sociais tais como ele as encontrou não expressa uma desaprovação das tentativas para melhorá-las no devido tempo mais do que sua declaração "os poderes que existem foram ordenados por Deus" dá sua sanção ao despotismo militar, e somente a este, como a forma cristã de governo político, ou ordena uma obediência passiva a ele. Fingir que o cristianismo tinha a intenção de estereotipar as formas existentes de governo e de sociedade e protegê-las contra mudanças é reduzi-lo ao nível do islamismo ou do bramanismo. É exatamente porque o cristianismo não fez isso que tem sido a religião da parte progressista da humanidade, e o islamismo, o bramanismo etc. têm sido as da parte estacionária; ou até mesmo (pois não existe tal coisa como uma sociedade realmente estacionária) das partes em declínio. Houve uma grande quantidade de pessoas, em todas as épocas do cristianismo, que tentaram fazer dele algo do mesmo tipo; nos converter em uma espécie de muçulmanos cristãos, com a Bíblia no lugar no Corão, proibindo qualquer melhoria: e foi grande o seu poder, e muitos tiveram de sacrificar suas vidas para resistir a elas. Mas houve resistência a elas, e isso fez de nós o que somos, e ainda fará de nós o que viermos a ser.

15 Depois do que foi dito a respeito da obrigação da obediência, é quase supérfluo dizer algo que se refira ao ponto mais específico incluído no aspecto geral – o do direito de uma mulher a ter a sua propriedade; pois não preciso esperar que esse tratado possa causar qualquer impressão naqueles que precisam de alguma coisa para convencê-los de que a herança ou os ganhos de uma mulher devem ser dela depois do casamento tanto quanto o eram antes. A regra é simples: o que quer que fosse do marido ou da mulher se não fossem casa-

dos deveria ficar sob o controle exclusivo de cada um durante o casamento; isso não precisa interferir no poder de amarrar a propriedade em alguma medida para preservá-la aos filhos. Algumas pessoas ficam sentimentalmente abaladas com a ideia de separação de interesses em questões de dinheiro, por ser inconsistente com a fusão ideal de duas vidas em uma só. De minha parte, sou um dos que apoiam fortemente a comunhão de bens quando resulta de uma unidade de sentimentos nos proprietários, o que torna todas as coisas comuns entre eles. Mas não tenho prazer em uma comunhão de bens que se baseie na doutrina de que o que é meu é seu, mas o que é seu não é meu; e eu preferiria declinar de entrar em um pacto desses com alguém, ainda que eu mesmo lucrasse com isso.

16 Essa particular injustiça e a opressão às mulheres, que é, na percepção comum, mais óbvia do que todas as demais, admite um remédio sem que haja interferência em quaisquer outros males: e não pode haver dúvida de que será um dos primeiros a serem remediados. Em muitos dos novos e em vários dos antigos estados da Confederação Americana, já foram inseridas provisões, até mesmo nas constituições escritas, que asseguram às mulheres igualdade de direitos quanto a isso; e desse modo, melhorando materialmente a posição, na relação matrimonial, ao menos daquelas mulheres que possuem propriedades, deixando-lhes um instrumento de poder que não haviam transferido a ninguém; e evitando também o escandaloso abuso da instituição do casamento, que é perpetrado quando um homem prende uma moça para casar-se com ele sem um arranjo, com o único propósito de obter a posse do seu dinheiro. Quando o sustento da família não depende da propriedade, mas de remuneração, o arranjo comum, pelo qual o homem ganha essa remuneração e a

mulher supervisiona as despesas domésticas, parece-me ser em geral a divisão mais adequada do trabalho entre duas pessoas. Se, além do sofrimento físico de dar à luz os filhos e de toda a responsabilidade de cuidar deles e educá-los nos primeiros anos de vida, a mulher assume a cuidadosa aplicação econômica dos ganhos do marido para o conforto geral da família, ela não está assumindo apenas a sua justa parte, mas geralmente a maior parte do empenho físico e mental que sua existência em comum exige. Se ela assume alguma parte adicional, isso raramente a dispensa da primeira, apenas a impedindo de realizá-la de maneira adequada. O cuidado que ela mesma está sendo impedida de dispensar aos filhos e à casa não será assumido por mais ninguém; quanto aos filhos, aqueles que não morrerem, irão crescer da melhor maneira que puderem, e a administração da casa provavelmente será tão ruim que mesmo sob o aspecto da economia significará uma grande redução do valor dos ganhos da esposa. Creio que em um estado de coisas diferente e justo não seria, portanto, um costume desejável que a esposa contribuísse com o seu trabalho para a renda da família. Em um estado de coisas injusto, fazer isso pode ser normal para ela, por torná-la de maior valor aos olhos do homem que é legalmente seu senhor; mas, por outro lado, isso permite que ele abuse ainda mais de seu poder, forçando-a a trabalhar e deixando o sustento da família a seu cargo, enquanto ele passa a maior parte de seu tempo na bebida e no ócio. O *poder* de ter ganho é essencial para a dignidade da mulher, se ela não tiver propriedade independente. Mas, se o casamento fosse um contrato entre iguais, não implicando a obrigação de obediência; se a conexão não fosse mais imposta pela opressão daqueles para quem ela é puramente um mal, mas se qualquer mulher moralmente qualificada para isso pudesse obter a separação (não estou me referindo agora ao divórcio); e se ela encontrasse todas as ocupações honrosas tão livremente abertas para si tanto quanto o são para os homens, não seria necessário, para a sua proteção, que durante o casamento ela fizesse uso particular dessas faculdades. Assim como quando um homem escolhe uma profissão, quando uma mulher se casa deveria geralmente ser entendido que ela está optando pela gestão de um lar e que a formação de uma família é considerada por ela como a mais prioritária de suas atribuições, durante tantos anos de sua vida quantos forem necessários para tal propósito; e que ela renuncia, não a todos os outros objetivos e ocupações, mas a todos os que não forem consistentes com o que este requer. O exercício efetivo, de forma habitual ou sistemática, de ocupações externas, ou tais que não possam ser realizadas em casa, seria, por esse princípio, praticamente um interdito à maioria das mulheres casadas. Mas deveria haver um espaço amplo para a adaptação das regras gerais às aptidões individuais; e nada deveria impedir que faculdades excepcionalmente adaptadas para quaisquer outros propósitos seguissem sua vocação, não obstante o casamento; e que devidas providências fossem tomadas para compensar toda lacuna que se tornasse inevitável no completo desempenho das funções ordinárias de mãe de família. Se alguma vez a opinião sobre esse assunto fosse corretamente direcionada, seria possível deixar, com perfeita segurança, que essas coisas fossem reguladas pela opinião, sem nenhuma interferência da lei.

Capítulo 3

1 Quanto ao outro ponto que envolve a justa igualdade das mulheres, sua admissibilidade a todas as funções e ocupações até aqui reservadas ao monopólio do sexo mais forte, eu não deveria prever nenhuma dificuldade em convencer quem quer que tenha me acompanhado nessa questão da igualdade das mulheres na família. Acredito que as inaptidões que lhes são atribuídas em qualquer outro lugar só visam a manter sua subordinação na vida doméstica; porque o sexo masculino em geral ainda não pode tolerar a ideia de viver com um igual. Se não fosse por isso, penso que quase todos, no estado existente da opinião sobre política e economia política, admitiriam que é uma injustiça excluir metade da raça humana da maioria das ocupações lucrativas e de quase todas as funções sociais elevadas; estabelecendo que desde seu nascimento elas não são, e não podem por qualquer possibilidade se tornar, adequadas para empregos que são legalmente abertos aos mais estúpidos e grosseiros membros do outro sexo, ou então que, por mais adequadas que possam ser, esses empregos lhes são interditos, a fim de serem preservados para o benefício exclusivo dos homens. Nos últimos dois séculos, quando (o que raramente foi o caso) qualquer razão além da mera existência do fato era considerada necessária para justificar as inaptidões das mulheres, raramente as pessoas atribuíam como motivo uma capacidade mental inferior; o que, em um tempo que havia

uma experimentação real das faculdades pessoais (da qual as mulheres não eram excluídas) nas lides da vida pública, ninguém realmente acreditava. O motivo apresentado naquele tempo não era a inaptidão das mulheres, mas o interesse da sociedade, o que significava o interesse dos homens; assim como a *raison d'état*, no sentido de conveniência do governo, e o apoio à autoridade existente eram considerados uma explicação suficiente e uma justificativa para os crimes mais hediondos. Nos dias de hoje, o poder usa de uma linguagem mais suave, e, seja quem for que quer oprimir, sempre finge fazê-lo para o próprio bem dos oprimidos; da mesma forma, quando algo é proibido às mulheres, pensa-se que é necessário que se diga, e desejável que se acredite, que elas são incapazes de fazer tal coisa, e que elas irão se afastar do verdadeiro caminho do sucesso e da felicidade se aspirarem a isso. Mas, para tornar esse motivo plausível (não digo válido), aqueles que nele insistem devem estar preparados para dar ao caso uma dimensão muito maior do que aquela em que qualquer um se aventuraria a dar com base na experiência disponível. Não é suficiente sustentar que as mulheres são, na média, menos dotadas do que os homens, com certas faculdades mentais mais elevadas, ou que há um menor número de mulheres do que de homens capacitados para ocupações e funções de caráter intelectual mais elevado. É necessário sustentar que nenhuma mulher, em geral, é capacitada para elas, e que as mulheres mais eminentes são, nas faculdades mentais, inferiores aos mais medíocres dos homens a quem essas funções atualmente são confiadas. Porque, se o desempenho da função for decidido por competição ou por qualquer modo de escolha que considere o interesse público, não há necessidade de apreensão de que empregos importantes caiam nas mãos de mulheres inferiores à média dos homens, ou à média dos seus concorrentes do sexo masculino. O único resultado disso é que haveria menos mulheres do que homens em tais empregos; um resultado que certamente aconteceria de qualquer maneira apenas por causa da preferência que muito provavelmente a maioria das mulheres dá por uma única vocação na qual não há ninguém para competir com elas. Agora, o mais determinado detrator das mulheres não se aventurará a negar que, quando somamos a experiência dos tempos recentes com a de épocas passadas, as mulheres, e não somente umas poucas, se provaram capazes de fazer tudo, talvez sem uma única exceção, que os homens fazem, e de fazê-lo com sucesso e credibilidade. O máximo que se pode dizer é que existem muitas coisas que nenhuma delas conseguiu fazer tão bem quanto alguns homens – em muitas das quais elas ainda não atingiram o mais alto nível. Mas são pouquíssimas tarefas, dependentes apenas das faculdades mentais, nas quais elas não atingiram um nível próximo ao mais alto. Não será isso suficiente, e muito mais do que suficiente, para atribuir o caráter de uma tirania sobre elas, em detrimento da sociedade, ao fato de não lhes permitir competir com os homens no exercício dessas funções? Não é um mero truísmo dizer que essas funções são frequentemente assumidas por homens muito menos aptos do que numerosas mulheres, e que esses seriam vencidos por elas em qualquer campo justo de competição? Que diferença faz que possa haver em algum lugar, totalmente empregados em outras coisas, homens que seriam ainda mais qualificados do que essas mulheres para essas tarefas em questão? Isso não acontece em todas as competições? Existe uma abundância tão grande de homens aptos para altas funções, que a sociedade pode se permitir rejeitar o serviço de qualquer pessoa competente? Estamos tão certos de que sempre vamos encontrar um homem disponível para qualquer obrigação ou função de importância social que fique vaga, que não perdemos nada ao proibir o acesso a metade da humanidade, recusando-nos de antemão a tornar disponíveis suas aptidões, por mais notáveis que possam ser? E, mesmo que pudéssemos dispensá-las, seria coerente com a justiça recusar-lhes sua parcela cabível de honra e distinção, ou negar-lhes o direito moral e igual que todos os seres humanos têm de escolherem sua ocupação (contanto que não prejudiquem os outros) de acordo com as suas próprias preferências e por seu próprio risco? Essa injustiça não atinge somente a elas: é compartilhada com todos aqueles que estariam em posição de se beneficiar de seus serviços. Ordenar que certas pessoas não podem ser médicas, ou não podem ser advogadas, ou não podem ser membros do parlamento, é prejudicar não somente a elas, mas a todos que usam os serviços de médicos ou advogados ou elegem membros do parlamento. Isso seria privar tais pessoas do efeito estimulante de uma competição maior nos desempenhos dos concorrentes, assim como restringi-las a um campo mais restrito de escolha individual.

2 Talvez seja suficiente que, ao detalhar o meu argumento, eu me limite às funções de natureza pública: já que, se eu tiver sucesso quanto a elas, provavelmente será prontamente assegurado que as mulheres devam ser admissíveis em todas as outras ocupações para as quais importe a sua oportunidade de admissão. E, aqui, permitam-me começar apontando uma função muito distinta de todas as outras, para a qual o direito é totalmente independente de qualquer questão que possa ser levantada a respeito de suas aptidões. Refiro-me ao sufrágio, tanto o parlamentar quanto o municipal. O direito de participar da escolha daqueles que devem exercer

um cargo de confiança pública é algo inteiramente distinto do direito de competir pela responsabilidade em si mesma. Se ninguém pudesse votar em um membro de parlamento que não estivesse apto para ser um candidato, o governo teria realmente o caráter de uma estreita oligarquia. Ter voz na escolha daqueles por quem se será governado é um meio de autoproteção a que todos têm direito, mesmo que fiquem sempre excluídos da função de governar; e pode-se presumir que as mulheres são consideradas aptas a exercer essa escolha, a partir do fato de que a lei já lhes confere essa aptidão no mais importante de todos os casos, no que diz respeito a elas: porque escolher o homem que governará a mulher até o fim de sua vida sempre foi tido como uma decisão voluntária por ela mesma. No caso de eleição para cargos de confiança pública, cabe à lei constitucional cercar o direito do voto com todas as garantias e limitações necessárias; mas quaisquer que sejam as medidas de segurança, se forem suficientes no caso do sexo masculino, não deve ser requerida nenhuma outra no caso das mulheres. Sejam quais forem as condições e limitações em que os homens são admitidos no sufrágio, não há uma sombra de justificativa para não admitir as mulheres sob as mesmas condições e limitações. Não me parece que a maioria das mulheres, de qualquer classe, tenha opinião política diferente da maioria dos homens da mesma classe, a menos que nessa questão estejam envolvidos de alguma forma os interesses das mulheres; e, se assim for, as mulheres precisam do sufrágio como garantia para uma consideração justa e igualitária. Isso deveria ser óbvio mesmo para aqueles que não concordam com nenhuma outra das doutrinas que eu defendo. Mesmo se toda mulher fosse uma esposa, e se toda mulher tivesse de ser uma escrava, mais ainda essas escravas precisariam de uma proteção legal: e sabemos que proteção legal os escravos têm, quando as leis são feitas por seus senhores.

3 No que diz respeito à aptidão das mulheres – não apenas para participar de eleições, mas para elas mesmas ocuparem cargos ou exercerem profissões que envolvam responsabilidades públicas importantes –, já observei que essa consideração não é essencial para a questão prática que aqui se discute: uma vez que qualquer mulher que tenha sucesso em uma profissão aberta está provando com esse fato que é qualificada para tal. E, no caso de cargos públicos, se o sistema político do país for tal que exclua os homens inaptos, excluirá igualmente as mulheres inaptas; enquanto se não for assim, não haverá mal ulterior no fato de que as pessoas inaptas admitidas possam ser tanto mulheres quanto homens. Portanto, desde que se reconheça que mesmo que só algumas mulheres possam ser aptas para essas funções, as leis que fecham as portas a essas exceções não podem ter justificativa em nenhuma opinião que se possa ter a respeito das aptidões das mulheres em geral. Mas, embora essa última consideração não seja essencial, está longe de ser irrelevante. Uma visão sem preconceito empresta força adicional aos argumentos contra as restrições às mulheres, e as reforça com elevadas considerações de utilidade prática.

4 Façamos primeiro uma abstração total de todas as considerações psicológicas que tendem a mostrar que as diferenças mentais supostamente existentes entre mulheres e homens não são mais do que o efeito natural das diferenças de sua educação e de suas circunstâncias, e não indicam nenhuma diferença radical, e menos ainda uma inferioridade radical, de natureza. Vamos considerar as mulheres apenas como elas já são, ou como se sabe que tenham sido; e as aptidões que elas já demonstraram na prática. Aquilo que elas fizeram, pelo menos,

mesmo se não houver nada mais, dá prova do que podem fazer. Quando consideramos quão diligentemente elas foram treinadas para ficar de fora de qualquer das ocupações ou objetivos reservados aos homens em vez de terem sido treinadas para tanto, fica evidente que estou me firmando em bases muito modestas no que se refere a elas quando fundamento meu caso naquilo que efetivamente alcançaram. Porque, nesse caso, a evidência negativa tem pouco valor, enquanto qualquer evidência positiva é conclusiva. Não se pode inferir ser impossível que uma mulher seja um Homero, ou um Aristóteles, ou um Michelangelo, ou um Beethoven, só porque nenhuma mulher chegou a produzir obras comparáveis às deles em alguma dessas linhas de excelência. Esse fato negativo, no máximo, deixa a questão incerta e aberta a uma discussão psicológica. Mas é bastante certo que uma mulher pode ser uma Rainha Elizabeth, ou uma Débora, ou uma Joana d'Arc, já que isso não é uma inferência, mas sim um fato. Agora, é uma consideração curiosa que as únicas coisas que a lei existente exclui as mulheres de fazer são as coisas que elas provaram ser capazes de fazer. Não há lei que impeça uma mulher de ter escrito todas as peças de Shakespeare ou de ter composto todas as óperas de Mozart. Mas a Rainha Elizabeth ou a Rainha Vitória, se não tivessem herdado o trono, não poderiam ter sido investidas com o menor dos deveres políticos em cujo desempenho a primeira se revelou equivalente àquela que foi comparável aos maiores.

5 Se algo conclusivo pudesse ser inferido da experiência, sem análise psicológica, seria que as coisas que não são permitidas às mulheres são exatamente aquelas para as quais elas são peculiarmente qualificadas; uma vez que sua vocação para o governo se manifestou, e se tornou notável, nas poucas oportunidades que lhes foram dadas, enquan-

to nas linhas de distinção que aparentemente lhes estavam abertas se distinguiram de maneira eminente. Sabemos como na história é reduzido o número de rainhas em comparação com o de reis. Desse número menor, uma proporção muito maior delas demonstrou ter talento para governar; embora muitas tenham ocupado o trono em períodos difíceis. É notável também que elas tenham, em numerosas ocasiões, se distinguido por méritos que constituem o que há de mais oposto ao caráter imaginário e convencional que se atribui às mulheres: elas se notabilizaram tanto pela firmeza e pelo vigor de seus governos quanto pela sua inteligência. Quanto às rainhas e às imperatrizes nós acrescentamos as regentes e vice-rainhas de províncias, a lista de mulheres que foram eminentes governantes da humanidade se expande em grande medida[12]. Esse fato é tão ine-

---

12. Isso é verdadeiro especialmente se levarmos em consideração a Ásia, tanto quanto a Europa. Se um principado hindu é governado de maneira enérgica, vigilante e econômica; se a ordem é preservada sem opressão; se a cultura se expande e o povo prospera, em três dos quatro casos esse principado está sob o governo de uma mulher. Esse fato, para mim totalmente inesperado, eu coletei de um longo conhecimento oficial de governos hindus. Há muitas dessas situações: pois, embora pelas instituições hindus uma mulher não possa reinar, ela é a regente legal de um reino durante a menoridade do herdeiro; e minoridades são frequentes sendo a vida dos governantes masculinos tantas vezes terminada prematuramente pelo efeito da inatividade e dos excessos sexuais. Quando consideramos que essas princesas nunca foram vistas em público, que nunca conversaram com nenhum homem, nem mesmo de sua própria família, exceto por trás de uma cortina, que elas não leem, e, se leem, não existe livro na língua delas que possa lhes dar a menor instrução sobre assuntos políticos; o exemplo que elas dão da aptidão natural das mulheres para o governo é bastante surpreendente.

gável que alguém, há muito tempo, tentou replicar o argumento e transformou a verdade admitida em um insulto adicional, dizendo que as rainhas são melhores do que os reis porque quando reinam os reis, as mulheres governam, mas quando reinam rainhas, governam os homens.

6 Pode parecer um desperdício de raciocínio argumentar contra uma piada sem graça; mas essas coisas influenciam a mente das pessoas; e ouvi homens citarem esse ditado com um ar de quem pensa que ele tem algum sentido. De qualquer forma, servirá tão bem quanto qualquer outra coisa como ponto de partida para uma discussão. Eu digo, então, que não é verdade que no reinado de reis as mulheres governam. Tais casos são totalmente excepcionais: e reis fracos governaram tão frequentemente mal por influência dos favoritos masculinos tanto quanto por favoritas femininas. Quando um rei é governado por uma mulher apenas em razão de suas propensões amorosas, não é provável que faça um bom governo, embora mesmo assim haja exceções. Mas a história francesa conta de dois reis que voluntariamente entregaram a direção dos assuntos durante muitos anos, um para sua mãe, outro para sua irmã; um deles, Carlos VIII, era apenas um menino, mas ao fazer isso seguiu as intenções de seu pai, Luís XI, o monarca mais competente de sua época. O outro, São Luís, foi o melhor, e um dos mais vigorosos governantes desde a época de Carlos Magno. Ambos os príncipes governaram de maneira dificilmente igualada por qualquer um entre seus contemporâneos. O Imperador Carlos V, o príncipe mais político de seu tempo, que contava com um grande número de homens capazes a seu serviço como um governante jamais teve, e foi um dos soberanos que menos provavelmente sacrificaria seu próprio interesse a sentimentos pessoais, fez de duas princesas

de sua família, sucessivamente, governantes dos Países Baixos, e manteve uma ou outra naquele posto durante toda a sua vida (mais tarde foram sucedidas por uma terceira). Ambas governaram com muito sucesso, e uma delas, Margarida da Áustria, foi uma das mais competentes de sua época. Isso considerando um dos lados da questão. Agora, vamos ao outro. Quando se diz que sob o governo das rainhas governam os homens, deve-se entender o mesmo de quando se diz que reis são governados por mulheres? Significa que as rainhas escolhem como seus instrumentos para governar os que estão associados a seus prazeres pessoais? O caso é raro, mesmo com aquelas que são inescrupulosas sobre esse ponto, como Catarina II: e não é nesses casos que se vai encontrar um bom governo que se possa alegar ter sido suscitado por influência masculina. Se for verdade, então, que a administração será, nas mãos dos homens, melhor sob uma rainha do que sob um rei mediano, isso implica que as rainhas têm melhor capacidade para escolhê-los e que as mulheres devem ser mais bem qualificadas do que os homens, tanto para a posição de soberano como para a de ministro-chefe; pois a principal função de um primeiro-ministro não é governar em pessoa, mas encontrar as pessoas mais aptas a conduzir cada departamento dos assuntos públicos. Uma percepção mais rápida do caráter, que é um dos pontos em que se admite que as mulheres são superiores aos homens, certamente deve fazer delas, a par de algo como equivalência de qualificações em outros aspectos, mais aptas do que os homens nessa escolha de instrumentos, que está perto de ser a questão mais importante daquele que tem de lidar com a tarefa de governar a humanidade. Mesmo a inescrupulosa Catarina de Médici soube perceber o valor de Michel de l'Hôpital. Mas também é verdade que as maiores rainhas foram grandes em virtude de seus próprios talentos para governar, e foram bem servidas exatamente por esse motivo. Elas mantiveram a direção suprema dos assuntos nas próprias mãos; e, se deram ouvidos a bons conselheiros, com isso deram a prova mais forte de que seu discernimento as tornava aptas para lidar com as grandes questões do governo.

7 Seria razoável pensar que aqueles que são aptos para as maiores funções da política seriam incapazes de se qualificar para as funções menores? Há alguma razão, pela natureza das coisas, para que as esposas e irmãs dos príncipes possam, sempre que convocadas, se mostrar tão competentes quanto os próprios príncipes nos assuntos *deles*, mas as esposas e irmãs de estadistas, administradores, diretores de companhias e gerenciadores de instituições públicas, não sejam capazes de fazer o mesmo que seus irmãos e maridos? O verdadeiro motivo é bastante evidente; é que, geralmente, tendo sido princesas, mais elevadas acima dos homens por causa de sua posição do que colocadas abaixo deles por causa de seu sexo, nunca se pensou ser impróprio que se preocupassem com a política; mas foi permitido a elas sentir o interesse liberal, que é natural a todo ser humano instruído, por todas as grandes transações que se realizaram a sua volta, e nas quais poderiam ser chamadas a participar. As senhoras de famílias reinantes são as únicas mulheres a quem se permite o mesmo âmbito de interesses e a mesma liberdade de desenvolvimento que os homens têm; e é precisamente no caso delas que não se encontra nenhuma inferioridade. Exatamente onde e na proporção em que as capacidades das mulheres para o governo foram experimentadas, na mesma proporção elas foram consideradas aptas.

8 Esse fato está de acordo com as melhores conclusões gerais que a experiência im-

perfeita do mundo parece ainda sugerir no que diz respeito às tendências e aptidões peculiares características das mulheres, segundo elas têm sido até agora. Não digo como elas continuarão a ser; porque, como já disse mais de uma vez, considero presunção de qualquer um pensar que pode decidir o que as mulheres são ou não são, podem ou não podem ser, por sua constituição natural. Até agora elas foram mantidas, no que diz respeito a seu desenvolvimento espontâneo, em um estado tão antinatural que sua natureza não pode deixar de ter sido distorcida e disfarçada. E ninguém pode afirmar com segurança que, se à natureza feminina fosse permitido escolher sua direção tão livremente quanto é permitido aos homens, e que se não tentasse lhe impor qualquer desvio artificial a não ser o que fosse exigido pelas condições da sociedade humana, e dada igualmente a ambos os sexos, haveria então alguma diferença material, ou talvez alguma diferença no geral, no caráter e nas capacidades que se desenvolveriam. Demonstrarei, em seguida, que mesmo as diferenças menos contestáveis que hoje existem são tais que podem muito bem ter sido produzidas meramente pelas circunstâncias, sem nenhuma diferença de capacidade natural. Mas, olhando para as mulheres como a experiência permite conhecê-las, pode-se dizer delas, com mais verdade do que na maioria das outras generalizações sobre o assunto, que o desvio de seus talentos é geralmente feito na direção das coisas práticas. Essa declaração está em conformidade com toda a história pública das mulheres, no presente e no passado, e não é menos corroborada pela experiência comum e diária. Consideremos a natureza especial das aptidões mentais mais características de uma mulher talentosa. São de um tipo que as capacita para a prática e as faz tender para ela.

O que se entende por capacidade de percepção intuitiva de uma mulher? Significa uma percepção rápida e correta de um fato presente. Não tem nada a ver com princípios gerais. Ninguém jamais percebeu uma lei científica da natureza por intuição, nem chegou a uma regra geral do dever ou da prudência por ela. Estas resultam de uma lenta e cuidadosa coleta e comparação de experiências; e nem os homens, nem as mulheres de intuição costumam brilhar nesse departamento, a menos que, de fato, a experiência necessária seja tal que possam adquiri-la por eles mesmos. Porque isso que é chamado de sagacidade intuitiva as torna peculiarmente aptas a reunir verdades tão gerais quanto as que podem ser coletadas por seus meios individuais de observação. Quando, consequentemente, por meio da leitura e da educação, elas têm a chance de serem tão bem providas quanto os homens dos resultados da experiência de outras pessoas (uso a palavra "chance" de forma consciente, porque, no que diz respeito ao conhecimento que tende a capacitá-las para as maiores preocupações da vida, as únicas mulheres instruídas são as autodidatas), elas são em geral mais bem providas do que os homens dos requisitos essenciais para uma prática competente e bem-sucedida. Homens que receberam muita instrução podem demonstrar deficiências na percepção do fato presente; eles não enxergam nos fatos com os quais são chamados a lidar o que realmente são, mas aquilo que foram instruídos a esperar que fossem. Isso raramente acontece com as mulheres, seja qual for a sua competência. Sua capacidade de "intuição" as preserva disso. Em uma situação de igualdade de experiência e de faculdades gerais, uma mulher geralmente enxerga muito mais do que um homem aquilo que está imediatamente diante dela. Agora, essa sensibilidade ao que se apresenta é a principal qualidade da qual depende a capacidade de agir na prática, ao contrário da teoria. Descobrir princípios gerais pertence à faculdade especulativa: para discernir e discriminar os casos particulares nos quais são ou não são aplicáveis constituem o talento prático: e para isso as mulheres, como são hoje, têm uma aptidão peculiar. Admito que não pode haver boa prática sem princípios, e que o lugar predominante que a rapidez de observação ocupa entre as faculdades da mulher faz com que seja particularmente apta a construir generalizações precipitadas baseadas em sua própria observação; embora, ao mesmo tempo, não esteja menos pronta para corrigir essas generalizações quando sua observação ampliar seu alcance. Mas a correção para esse defeito está no acesso à experiência da raça humana; o conhecimento geral – exatamente aquilo que a educação pode suprir melhor. Os erros de uma mulher são especificamente os mesmos de um homem autodidata e inteligente, que muitas vezes enxerga o que homens treinados de forma convencional não enxergam, mas que cai em erros por falta de conhecimento de coisas que há muito são conhecidas. É claro que ele adquiriu muito do conhecimento preexistente, ou não poderia ter progredido em geral; mas aquilo que ele sabe, pegou em fragmentos e ao acaso, como fazem as mulheres.

9 Mas essa gravitação das mentes das mulheres para o que é presente, para o real, para o fato efetivo, embora na sua exclusividade seja fonte de erros, é também um dos neutralizadores mais úteis do erro contrário. A principal e mais característica aberração das mentes especulativas, como tais, consiste precisamente na deficiência dessa percepção vívida e de um sentido sempre presente do fato objetivo. Por falta disso, muitas vezes elas não apenas desconsideram a contradição que os fatos externos opõem às suas teorias, como perdem de vista todo o propósito legítimo da especulação e deixam

as suas faculdades especulativas se desviarem para regiões povoadas não por seres reais, animados ou inanimados, mesmo idealizados, mas por sombras personalizadas criadas pelas ilusões da metafísica ou pelo mero emaranhar de palavras, e pensam serem essas sombras os próprios objetos da mais elevada e transcendente filosofia. Quase nada poderá ser mais valioso para um homem de teoria e de especulação, que se dedica não a colher material cognitivo por meio de observação, mas a trabalhá-los em processos de pensamento, em abrangentes verdades da ciência e das leis de comportamento, do que conduzir suas especulações na companhia, e sob a crítica, de uma mulher realmente superior. Não há nada comparável a isso, no sentido de manter seus pensamentos dentro dos limites da realidade e dos fatos concretos da natureza. Uma mulher raramente se deixa levar de forma descontrolada por uma abstração. O direcionamento habitual de sua mente para lidar com as coisas individualmente, e não em grupo, e (naquilo que está intimamente relacionado com elas) seu interesse mais vívido nos sentimentos das pessoas, que a faz considerar, inicialmente, em qualquer coisa a ser aplicada na prática, de que maneira as pessoas serão afetadas – essas duas coisas fazem com que seja extremamente improvável que ela deposite fé em qualquer especulação que não leve em consideração os indivíduos e trate as coisas como se existissem para o benefício de alguma entidade imaginária, uma mera criação da mente, não resolúvel nos sentimentos dos seres vivos. Os pensamentos das mulheres são, portanto, tão úteis para conferir realidade aos dos homens que pensam, quanto os pensamentos dos homens são para dar largueza e amplitude aos das mulheres. Em profundidade, diferentemente da amplitude, duvido muito que, mesmo agora, as mulheres, em comparação com os homens, estejam em alguma situação de desvantagem.

10 Se as características mentais existentes nas mulheres são assim tão valiosas até mesmo como auxílio à especulação, são ainda mais importantes quando a especulação já cumpriu sua tarefa, para levar os resultados da especulação à prática. Pelas razões já apresentadas, as mulheres são comparativamente pouco suscetíveis de cair em um erro comum aos homens, o de se aterem às suas regras em um caso cujas especificidades ou o retiram da categoria na qual as regras são aplicáveis, ou exige uma adaptação especial dessas. Consideremos agora outra das superioridades admitidas das mulheres inteligentes, uma rapidez maior de percepção. Não será esta, preeminentemente, uma qualidade que capacita uma pessoa para a prática? Na ação, tudo depende continuamente de uma decisão imediata. Na especulação, nada depende disso. Um mero pensador pode esperar, pode dar-se tempo para considerar, pode reunir evidência adicional; ele não é obrigado a completar sua filosofia de uma só vez por medo de deixar passar a oportunidade. O poder de extrair a melhor conclusão possível de dados insuficientes não deixa realmente de ter utilidade na filosofia; a construção de uma hipótese provisória consistente usando todos os fatos conhecidos é, muitas vezes, a base necessária para uma subsequente investigação. Mas essa faculdade é na filosofia mais uma utilidade auxiliar do que a principal qualificação: e, tanto para a operação auxiliar como para a principal, o filósofo pode se permitir qualquer tempo que o agrade. Ele não precisa ter a capacidade de fazer nada rapidamente; o que ele mais precisa é de paciência para continuar trabalhando lentamente até que iluminações imperfeitas se tornem perfeitas, e uma conjectura amadureça em um teorema. Para aqueles, no entanto, que trabalham com o que é fugaz e perecível – com fatos específicos e não com tipos de fa-

tos – a rapidez de pensamento é uma qualificação apenas superada pela do próprio poder do pensamento. Aquele que não tiver suas faculdades sob seu comando imediato, nas contingências da ação, poderia do mesmo modo não as ter de todo. Pode ser capaz de criticar, mas não é capaz de agir. Assim, é nisso que as mulheres, e os homens que são mais parecidos com as mulheres, confessadamente se destacam. O outro tipo de homem, por mais preeminentes que possam ser suas faculdades, chega lentamente ao completo comando sobre elas: rapidez no julgamento e prontidão de ação criteriosa, mesmo nas coisas que conhece melhor, são o resultado gradual e tardio de um esforço extenuante transformado em hábito.

11 Talvez se diga que a maior suscetibilidade nervosa das mulheres as desqualifica para a prática de qualquer coisa a não ser a vida doméstica, tornando-as instáveis, mutáveis, demasiadamente influenciáveis pelo momento, incapazes de perseverança obstinada, desiguais e incertas no poder de usar suas faculdades. Penso que essas expressões sintetizam a maior parte das objeções que comumente são feitas quanto à aptidão das mulheres para assuntos sérios de alto nível. Muito de tudo isso é mero transbordamento de energia nervosa desperdiçada, e cessaria quando a energia fosse direcionada para um fim determinado. Muito é também o resultado de uma cultura, consciente ou inconsciente; como vemos no quase total desaparecimento das "histerias" e dos desmaios, uma vez que eles saíram de moda. Além disso, quando as pessoas são educadas, como muitas mulheres das classes mais altas (embora menos em nosso próprio país do que em qualquer outro), como uma espécie de planta de estufa, protegidas das vicissitudes saudáveis do ar e da temperatura, e destreinadas em quaisquer das atividades e exer-

cícios que estimulam e desenvolvem os sistemas circulatório e muscular, enquanto seu sistema nervoso, especialmente em sua função emocional, é mantido em uma atividade antinatural; não é de se admirar que aquelas que não morrem de tuberculose cresçam com seus organismos fragilizados e suscetíveis a insignificantes causas, tanto internas quanto externas, e sem resistência para suportar qualquer tarefa, física ou mental, que exija continuidade de esforço. Mas as mulheres que foram educadas para trabalhar por sua subsistência não apresentam nenhuma dessas características mórbidas, a menos que realmente sejam obrigadas a um excesso de trabalho sedentário confinadas em aposentos insalubres. Mulheres que em seus primeiros anos de vida compartilharam da educação física saudável e da liberdade corporal de seus irmãos, e que na vida subsequente têm suficiente acesso ao ar puro e a exercício, muito raramente apresentam qualquer suscetibilidade nervosa excessiva que as poderia desqualificar para propósitos que envolvem uma postura ativa. Há realmente certa proporção de pessoas, de ambos os sexos, nas quais um grau incomum de sensibilidade nervosa é constitutivo, e de um caráter tão marcante a ponto de ser a característica de sua estrutura que mais influencia o caráter total de seus fenômenos vitais. Essa constituição, como outras conformações físicas, é hereditária e transmitida tanto a filhos quanto a filhas; mas é possível, e provável, que o temperamento nervoso (como é chamado) seja herdado por um maior número de mulheres do que de homens. Vamos assumir isso como um fato; e deixe-me então perguntar: os homens de temperamento nervoso são considerados inaptos para os deveres e propósitos normalmente relativos aos homens? Se não, por que as mulheres com o mesmo temperamento seriam inaptas? As peculiaridades do temperamento são, sem dúvida, dentro de certos limites, um obstáculo para o sucesso em algumas ocupações, embora em outros ajudem a alcançá-lo. Mas, quando a ocupação é adequada ao temperamento, e às vezes mesmo quando é inadequada, os exemplos mais expressivos de sucesso são continuamente oferecidos por homens de alta sensibilidade nervosa. Eles se distinguem em suas manifestações práticas principalmente porque, sendo suscetíveis a um grau de excitação mais alto do que aqueles que têm outra constituição física, suas capacidades quando estimuladas diferem, em relação a outras pessoas, daquilo que são em seu estado normal: são levantadas, por assim dizer, acima de si mesmos, e fazem com facilidade coisas que seriam totalmente incapazes de fazer em outros momentos. Mas essa grande excitação não é, exceto no caso de constituições corporais fracas, um mero lampejo que cessa imediatamente, não deixando traços permanentes, e incompatível com uma busca persistente e constante de um objetivo. É típico do temperamento nervoso ser capaz de *sustentar* uma excitação, mantendo-a por esforços prolongados e continuados. É o que se entende por *espírito*. É o que faz o cavalo de raça correr sem diminuir a velocidade até cair morto. É o que tem permitido que tantas mulheres delicadas mantenham a mais sublime constância não apenas na fogueira, mas durante uma longa sucessão preliminar de torturas mentais e físicas. É evidente que pessoas desse temperamento são particularmente aptas para o que se poderia chamar de departamento exclusivo de liderança da humanidade. Eles são o material dos grandes oradores, grandes pregadores, impressionantes difusores de influências morais. A sua constituição poderia ser considerada menos favorável em relação às qualidades exigidas de um estadista no ministério ou de um juiz. Seria assim se a consequência inevitável de ser uma pessoa enérgica fosse ter de estar sempre em estado de excitação. Mas isso é apenas uma questão de treinamento. Sentimento forte é o instrumento e o elemento de um poderoso autocontrole, mas isso requer que seja cultivado nessa direção. Quando é o caso, isso forma não apenas os heróis do impulso, mas também os do autocontrole. A história e a experiência comprovam que os personagens mais apaixonados são os mais fanaticamente rígidos em seu sentimento de dever, quando sua paixão foi treinada para atuar nessa direção. O juiz que profere uma decisão justa em um caso em que seus sentimentos estão intensamente interessados no outro lado, extrai daquela mesma força de sentimento o senso de obrigação de justiça que lhe permite alcançar essa vitória sobre si mesmo. A capacidade desse elevado entusiasmo que retira o ser humano de dentro de seu caráter cotidiano reincide sobre o próprio caráter cotidiano. Suas aspirações e seus poderes quando ele está nesse estado excepcional se tornam o parâmetro com o qual compara e avalia seus sentimentos e procedimentos em outros momentos; e seus propósitos habituais assumem um caráter que é moldado e assimilado a esses momentos de alta excitação, ainda que estes, pela natureza física do ser humano, só possam ser transitórios. A experiência com as raças, assim como com os indivíduos, não demonstra que aqueles mais propensos à excitação sejam menos aptos em sua média, tanto para a especulação quanto para a prática, do que são os menos propensos. Os franceses e os italianos são sem dúvida, por natureza, mais excitáveis do que as raças teutônicas, e comparados com os ingleses, têm uma vida emocional, habitual e diária muito mais intensa: mas será que eles têm sido menos grandiosos na ciência, nos negócios públicos, na proeminência legal e jurídica ou na guerra? Existe bastante evidência de que os gregos foram no passado, assim como seus descendentes e sucessores ainda são, uma das raças mais excitáveis da humanidade. Seria supérfluo perguntar em que, entre todas as conquistas dos homens, eles não se destacaram. Os romanos, provavelmente, sendo igualmente um povo meridional, tiveram em sua origem o mesmo temperamento: mas o caráter rígido de sua disciplina nacional, assim como o dos espartanos, fez deles um exemplo do tipo oposto de caráter nacional; sendo aparente a maior força de seus sentimentos naturais, principalmente na intensidade que aquele mesmo temperamento original tornou possível dar ao artificial. Se esses casos servem de exemplo de como pode ser um povo naturalmente excitável, os celtas irlandeses nos dão um dos mais relevantes exemplos do que são quando deixados por sua própria conta. (Se é que se pode dizer que foram deixados por sua própria conta, tendo ficado séculos sob a influência indireta de um mau governo e sob a orientação direta de uma hierarquia católica e de uma crença sincera na religião católica.) O caráter irlandês deve ser considerado, portanto, como um caso desfavorável: no entanto, sempre que as circunstâncias para o indivíduo tenham sido todas favoráveis, qual foi o povo que demonstrou a maior capacidade para as mais variadas e multifacetadas proeminências individuais? Assim como os franceses comparados com os ingleses, os irlandeses com os suíços, os gregos ou italianos comparados com as raças germânicas, quando se comparam as mulheres com os homens, pode-se perceber que, na média, elas fazem as mesmas coisas, com alguma variação quanto ao tipo específico de excelência. Mas não vejo a menor razão para duvidar de que elas as fariam, total e igualmente bem se sua educação e cultura fossem adaptadas para corrigir, em vez de agravar, as fragilidades que incidem em seus temperamentos.

12 Supondo, no entanto, que seja verdade que as mentes das mulheres têm por natureza mais mobilidade do que as dos homens, são menos capazes de persistir muito tempo no mesmo esforço contínuo, e mais aptas a dividir suas faculdades entre muitas coisas do que a seguir em um só caminho até o ponto mais alto que possa ser alcançado: isso pode ser verdade para as mulheres tais como são agora (embora não sem grandes e numerosas exceções), e pode explicar por que ficaram aquém da mais alta categoria dos homens, precisamente nas coisas em que essa absorção de toda a mente em um só conjunto de ideias e ocupações parece ser o maior requisito. Ainda assim, essa é uma diferença que só pode afetar o tipo da excelência, não a excelência em si mesma, ou o seu valor prático: e resta demonstrar se essa atuação exclusiva por parte da mente, essa absorção de toda a faculdade de pensar em um único assunto, concentrando-se em um só trabalho, é a condição normal e salutar das faculdades humanas, mesmo para usos especulativos. Acredito que aquilo que se ganha em um desenvolvimento especial com essa concentração se perde na capacidade da mente para outros propósitos da vida; e, mesmo quanto ao pensamento abstrato, minha opinião fixada é que a mente tem melhor desempenho ao retornar frequentemente a um problema difícil do que quando se apega a ele sem interrupção. Qualquer que seja o caso, para os propósitos da prática, desde as suas mais elevadas até as suas mais humildes questões, a capacidade de passar prontamente de um assunto de consideração a outro, sem deixar que a mola ativa do intelecto perca a sua tensão entre os dois, é um poder dos mais valiosos; e esse poder as mulheres possuem preeminentemente, em virtude da própria mobilidade da qual são acusadas. Elas talvez a tenham por natureza, mas certamente a terão

mediante treinamento e educação; pois quase todas as ocupações das mulheres consistem no gerenciamento de pequenos mas múltiplos detalhes, em cada um dos quais a mente não se pode deter nem por um minuto, devendo passar logo para outras coisas, e se alguma coisa exigir maior reflexão, ela terá de roubar um tempo extra para pensar a respeito. De fato, tem sido notada com frequência a capacidade que as mulheres demonstram em ter de refletir em circunstâncias e momentos nos quais qualquer homem arranjaria para si mesmo um pretexto para não tentar fazê-lo; e a mente de uma mulher, embora possa estar se ocupando apenas com pequenas coisas, dificilmente se permitirá ficar desocupada, como com tanta frequência fica a do homem quando não está engajada naquilo que ele escolhe para considerar o principal interesse de sua vida. O habitual interesse da vida de uma mulher é por coisas genéricas, e é tão provável que parem de acontecer quanto é provável que o planeta pare de girar.

13 Mas (assim se diz) há evidência anatômica da superior capacidade mental dos homens em comparação com a das mulheres: eles têm um cérebro maior. Eu respondo que, em primeiro lugar, o fato em si é duvidoso. Não está de modo algum estabelecido que o cérebro de uma mulher seja menor do que o do homem. Se isso se infere apenas porque a estrutura corporal da mulher geralmente tem dimensões menores do que a do homem, tal critério levaria a estranhas consequências. Um homem alto e de grande ossatura, por esse critério, deveria demonstrar uma inteligência imensamente superior à de um homem pequeno, e um elefante ou uma baleia deveriam ser prodigiosamente superiores à humanidade. O tamanho do cérebro dos seres humanos, dizem os anatomistas, varia muito menos do que o tamanho do corpo, ou mesmo

da cabeça, e não se pode inferir um a partir do outro. É certo que algumas mulheres têm o cérebro tão grande quanto o de qualquer homem. Tenho conhecimento de um homem que, depois de ter pesado muitos cérebros humanos, disse que o mais pesado que conhecia, mais pesado do que o de [Georges] Cuvier (o de maior peso anteriormente registrado), foi o de uma mulher. Em seguida, devo observar que a relação exata entre o cérebro e as capacidades intelectuais ainda não é bem compreendida, mas que isso é um assunto de grande debate. Não podemos duvidar de que exista aí uma relação muito próxima. O cérebro é certamente o órgão material do pensamento e do sentimento; e (abstraindo da grande e não resolvida controvérsia a respeito da atribuição de diferentes faculdades mentais a diferentes regiões do cérebro) admito que seria uma anomalia e uma exceção a tudo o que sabemos sobre as leis gerais da vida e sua organização se o tamanho de um órgão não tivesse absolutamente nada a ver com a função; se nenhuma ascensão ao poder fosse derivada da maior magnitude do instrumento. Mas a exceção e a anomalia seriam tão grandes assim se o órgão exercesse influência *apenas* pela sua magnitude. Em todas as operações mais delicadas da natureza – das quais as da criação dos seres animados são as mais delicadas, e das quais, por sua vez, as do sistema nervoso são de longe as mais delicadas – as diferenças no efeito dependem tanto das diferenças de qualidade dos agentes físicos quanto de sua quantidade: e, se a qualidade de um instrumento deve ser testada pela minúcia e delicadeza do trabalho que pode fazer, as indicações apontam haver no cérebro e no sistema nervoso das mulheres maior média de fineza e de qualidade do que nos dos homens. Desconsiderando a diferença abstrata de qualidade, algo difícil de se verificar, sabe-se que a eficiência de um órgão depende não apenas de seu tamanho, mas também de sua atividade; e dessa temos uma medida aproximada na energia com que o sangue circula através dele, sendo que tanto o seu estímulo quanto a força reparadora dependem principalmente da circulação. Não seria surpreendente – é de fato uma hipótese que coincide bem com as diferenças efetivamente observadas entre as operações mentais dos dois sexos – se a média dos homens tivesse vantagem no tamanho do cérebro, e a das mulheres na atividade de circulação cerebral. Os resultados que a conjectura, fundada na analogia, nos levaria a esperar dessa diferença de organização corresponderiam a alguns daqueles com os quais mais comumente nos deparamos. Em primeiro lugar, as operações mentais dos homens poderiam ser tidas como mais lentas. Eles não pensariam tão imediatamente como as mulheres, nem seriam tão rápidos para sentir. Corpos grandes levam mais tempo para entrar em plena ação. Por outro lado, uma vez tendo entrado completamente em ação, o cérebro do homem suportaria mais trabalho. Seria mais persistente na linha tomada pela primeira vez; teria mais dificuldade em mudar de um modo de ação para outro; mas, naquilo que estivesse fazendo, poderia continuar por mais tempo sem perda de energia ou sensação de fadiga. E não temos constatado que as coisas nas quais os homens mais se destacam em relação às mulheres são aquelas que requerem mais perseverança e uma longa insistência em um pensamento único, enquanto as mulheres fazem melhor aquilo que precisa ser feito com rapidez? O cérebro de uma mulher se cansa mais cedo, se exaure mais cedo; mas, em um dado grau de exaustão, é de esperar que se recupere mais cedo. Repito que essa especulação é inteiramente hipotética; não pretende mais do que sugerir uma linha de investigação. Eu antes já repudiei a noção de que se tenha conhecimento seguro de haver, em geral, alguma diferença natural na força média ou na direção das capacidades mentais dos dois sexos, ainda menos de qual seja essa diferença. Tampouco é possível que se tivesse tal conhecimento, já que as leis psicológicas da formação do caráter têm sido tão pouco estudadas, mesmo de forma geral, e nesse caso particular nunca foram, de todo, cientificamente aplicadas; por enquanto as mais óbvias causas externas de caráter são habitualmente desconsideradas - deixadas despercebidas pelo observador, e olhadas de cima para baixo com uma espécie de desdenhoso alcear de sobrancelha pelas escolas prevalentes tanto da história natural quanto da filosofia mental -, as quais, quer procurem no mundo da matéria, quer no mundo do espírito a fonte do que mais diferencia os seres humanos uns dos outros, concordam em desacreditar daqueles que preferem explicar essas diferenças pelas diferentes relações dos seres humanos com a sociedade e com a vida.

14 Tão ridículas são as noções que se formam quanto à natureza das mulheres, meras generalizações empíricas, enquadradas sem filosofia ou análise com base nas primeiras instâncias nas quais se apresentam, que a ideia popular sobre ela é diferente em diferentes países, de acordo com as opiniões e as circunstâncias sociais em qualquer especialidade de desenvolvimento ou não desenvolvimento que o país ofereceu às mulheres que nele vivem. Um oriental pensa que as mulheres são por natureza peculiarmente sensuais; veja-se nos escritos hindus o violento abuso que sofrem com base nessa ideia. Um homem inglês normalmente pensa que elas são, por natureza, frias. Os ditados que se referem à volubilidade das mulheres são, na sua maioria, de origem francesa; foram feitos antes e depois do famo-

so dístico de Francisco I. Na Inglaterra é uma observação comum o quanto as mulheres são mais constantes do que os homens. A inconstância tem sido considerada desabonadora para uma mulher há mais tempo na Inglaterra do que na França; e as mulheres inglesas são, além disso, em sua natureza mais íntima, muito mais sujeitas à opinião. A propósito, pode-se observar que os homens ingleses estão em circunstâncias peculiarmente desfavoráveis para tentar julgar o que é ou não é natural, não meramente para as mulheres, mas para os homens, ou para os seres humanos como um todo, pelo menos se apenas tiverem a experiência inglesa para seguir – porque não há lugar no qual a natureza humana mostre tão pouco de seu alinhamento original. Tanto em um bom quanto em um mau sentido os ingleses estão mais longe de um estado natural do que qualquer outro povo moderno. Eles são, mais do que qualquer outro povo, um produto da civilização e da disciplina. A Inglaterra é o país no qual a disciplina social deu o melhor resultado, não apenas ao vencer, mas ao suprimir tudo com que possa estar em conflito. Os ingleses, mais do que qualquer outro povo, não só agem como sentem de acordo com as disciplinas. Em outros países, a opinião ensinada, ou a exigência da sociedade, pode ser o poder mais forte, mas os impulsos da natureza individual são sempre visíveis por trás, e muitas vezes resistem a ela: a disciplina pode ser mais forte do que a natureza, mas a natureza ainda está lá. Na Inglaterra, a regra, em grande medida, substituiu o impulso natural. A maior parte da vida é levada adiante não por seguir uma inclinação que está sob o controle de uma regra, mas por não ter outra inclinação a não ser a de seguir a regra. Agora, sem dúvida isso tem seu lado bom, embora tenha também infelizmente um lado ruim; mas isso deve tornar um homem inglês peculiarmente malqualificado para julgar sobre as tendências naturais da natureza humana, julgando a partir de suas próprias experiências. Os erros aos quais estão sujeitos os observadores em outros lugares são de um diferente caráter. Um inglês é ignorante no que diz respeito à natureza humana; um francês é preconceituoso em relação a ela. Os erros dos ingleses são negativos; os dos franceses, positivos. Um inglês imagina que certas coisas não existem porque nunca as vê; um francês pensa que elas devem sempre e necessariamente existir porque as está vendo. Um inglês não conhece a natureza porque não tem oportunidade de observá-la; um francês geralmente sabe muito sobre ela, mas muitas vezes a confunde, porque só tem a seu respeito uma visão sofisticada e distorcida. Pois o estado artificial muito induzido pela sociedade disfarça as tendências naturais do que está sendo objeto de observação, de duas maneiras diferentes: extinguindo o que é natural, ou o transformando. No primeiro caso, o que existe não é mais do que um atrofiado resíduo restante da natureza a ser estudado; no outro caso existe muito, mas pode ter expandido em qualquer direção, em vez daquela em que teria crescido espontaneamente.

15 Eu disse que atualmente não se pode saber quanto das diferenças mentais existentes entre os homens e as mulheres é natural e quanto é artificial; se existem quaisquer diferenças naturais; ou, supondo que todas as causas artificiais de diferença pudessem ser retiradas, que caráter natural seria então revelado. Não estou prestes a tentar aquilo que declarei impossível, mas a dúvida não proíbe a conjectura e, onde a certeza é inatingível, ainda pode haver meios de se chegar a algum grau de probabilidade. O primeiro ponto, a origem das diferenças que realmente se observam, é o mais acessível à especulação; e tentarei abordá-lo pelo único caminho pelo

qual se pode chegar a ele – traçando as consequências mentais das influências externas. Não se pode isolar o ser humano das circunstâncias de sua condição a fim de determinar experimentalmente o que ele teria sido por natureza; mas pode-se considerar o que ele é, e quais têm sido suas circunstâncias, e se o primeiro teria sido capaz de produzir o outro.

16 Tomemos então o único caso evidente que a observação permite de aparente inferioridade das mulheres em relação aos homens, se excetuarmos aquela meramente física, da força corporal. Nenhuma produção de filosofia, ciência ou arte considerada de primeira posição foi obra de uma mulher. Existe alguma forma de explicar isso sem recorrer à suposição de que as mulheres são, por natureza, incapazes de produzi-las?

17 Em primeiro lugar, podemos adequadamente questionar se a experiência ofereceu fundamentos suficientes para tal indução. Há apenas três gerações que as mulheres, salvo raríssimas exceções, começaram a experimentar sua capacidade na filosofia, na ciência ou na arte. É somente na geração atual que suas tentativas têm sido numerosas; e mesmo agora são muito poucas em todos os lugares, a não ser na Inglaterra e na França. Essa é uma questão relevante, se é possível esperar por mero cálculo de possibilidades, que uma mente que possui os requisitos para alcançar um grau elevado de eminência na especulação ou na arte criativa possa aparecer durante esse lapso de tempo entre mulheres cujos gostos e posição pessoal admitissem que se dedicassem a esses propósitos. Em todas as coisas em que já houve tempo para isso – em quase todos os mais altos graus na escala de excelência, especialmente no departamento no qual elas estão há mais tempo engajadas, a literatura (tanto na prosa quanto na poesia) – as mulheres fizeram tanto, e obtiveram prêmios tão altos

e tão numerosos, quanto se poderia esperar levando em conta a duração do tempo e o número de concorrentes. Se voltarmos ao período anterior, quando pouquíssimas mulheres empreendiam tais tentativas, ainda assim algumas dessas poucas o fizeram com notável sucesso. Os gregos sempre contaram Safo [de Lesbos] entre seus maiores poetas; e podemos muito bem supor que Mirtis [de Antendônia], que segundo se diz foi a mestre de Píndaro; e Corina, que cinco vezes ganhou dele o prêmio de poesia, devem ao menos ter tido mérito suficiente para que se admitisse serem comparadas com os grandes nomes. Aspásia [de Mileto] não deixou nenhum escrito filosófico; mas é um fato admitido que Sócrates recorria a ela para instrução, e que reconheceu tê-la obtido.

18 Se considerarmos as obras das mulheres em tempos modernos, e as compararmos com as dos homens, seja no campo literário, seja no artístico, tal inferioridade, à medida que se possa observar, resume-se essencialmente em uma coisa: que é mais uma questão material – a deficiência em originalidade. Não deficiência total; pois toda produção da mente com algum valor substantivo contém em si mesma uma originalidade própria – é uma concepção da própria mente, não uma cópia de alguma outra coisa. Pensamentos originais, no sentido de não serem emprestados de outros – de serem derivados da observação ou de processos intelectuais do próprio pensador – são abundantes nos escritos das mulheres. Mas elas ainda não produziram nenhuma dessas grandes e luminosas ideias que formam uma era de pensamento, nem concepções fundamentalmente novas na arte, que abrem uma visão de possíveis efeitos não antes pensados e fundam uma nova escola. Suas composições se baseiam principalmente na base de pensamento existente, e suas obras não se desviam muito dos tipos existentes.

Esse é o tipo de inferioridade que suas obras manifestam; pois, quanto à execução, à aplicação detalhada do pensamento e à perfeição do estilo, não há nenhuma inferioridade. Nossos melhores romancistas, em aspecto de composição e do manejo do detalhe, têm sido em sua maioria mulheres; e não há em toda a literatura moderna veículo mais eloquente do pensamento do que o estilo de Madame de Staël, nem, como espécime de excelência puramente artística, nada superior à prosa de Madame Sand, cujo estilo age sobre o sistema nervoso como uma sinfonia de Haydn ou de Mozart. Uma grande originalidade na concepção, como já disse, é o que falta. E agora vamos examinar se existe alguma maneira de determinar o que concorre para essa deficiência.

19 Recordemos, então, na medida em que se trata meramente de um pensamento, que durante todo o período da existência do mundo e do progresso da cultura, em que grandes e frutíferas novas verdades podiam ser alcançadas simplesmente pela força do gênio, com pouco estudo prévio e pouco acúmulo de conhecimento – durante todo esse tempo as mulheres não deram nenhuma atenção à especulação. Desde os dias de Hipácia [de Alexandria] até os da Reforma, a ilustre Heloísa é quase a única mulher para quem alguma dessas conquistas pode ter sido possível; e não sabemos quanto de sua capacidade de especulação pode ter sido perdida para a humanidade pelos infortúnios de sua vida. Em nenhum momento, desde que um número considerável de mulheres começou a cultivar pensamentos sérios, foi possível alcançar facilmente a originalidade. Já se chegou há muito tempo a quase todos os pensamentos que podem ser alcançados pela mera força das faculdades originais; e a originalidade, em qualquer significado mais elevado da palavra, é agora dificilmente atingida, a não ser pelas

mentes que passaram por uma disciplina elaborada e estão profundamente versadas nos resultados de pensamentos anteriores. Foi o Sr. [Frederick Denison] Maurice, creio, quem observou na época atual que seus pensadores mais originais são aqueles que conheceram mais profundamente o que foi pensado por seus predecessores: e a partir de agora este será sempre o caso. Cada nova pedra do edifício tem agora de ser colocada no topo de tantas outras que todo aquele que aspire a participar no estágio atual da obra terá de atravessar o longo processo de escalar e de levar para cima o material. Quantas mulheres existem que tenham passado por tal processo? A Sra. [Mary Fairfax] Somerville, talvez única entre as mulheres, conhece de matemática tudo o que é agora necessário para fazer qualquer descoberta matemática considerável: é uma prova de inferioridade das mulheres o fato de ela não ser uma das duas ou três pessoas que durante sua vida associaram seu nome a algum avanço marcante da ciência? Duas mulheres, desde que a economia política se tornou uma ciência, tiveram suficiente conhecimento dela para escrever de forma proveitosa sobre o assunto: de quantos, entre os inúmeros homens que escreveram sobre isso durante o mesmo período, pode-se dizer verdadeiramente mais do que isso? Se nenhuma mulher foi até agora uma grande historiadora, qual foi a mulher que teve a erudição necessária para tanto? Se nenhuma mulher é uma grande filóloga, qual foi a mulher que estudou sânscrito e eslavônio, o gótico de Úlfilas e o persa do Zendavesta? Mesmo em questões práticas todos sabemos qual é o valor da originalidade dos gênios que não receberam instrução. Significa inventar novamente em sua forma rudimentar algo já inventado e aperfeiçoado por muitos e sucessivos inventores. Quando as mulheres tiverem tido o preparo que todos os homens exigem hoje para serem eminentemente originais, será o momento adequado para começar a fazer juízo, pela experiência, de sua capacidade de serem originais.

20 Sem dúvida, acontece frequentemente que uma pessoa que não tenha estudado ampla e acuradamente os pensamentos de outros sobre um assunto tenha, por sagacidade natural, uma feliz intuição, que pode sugerir mas não pode provar, e que no entanto, quando amadurecida, pode ser um importante acréscimo ao conhecimento. Mas, mesmo assim, não se poderá ter um juízo justo dela até que alguma outra pessoa que possui os requisitos prévios a tome nas mãos, a teste, lhe dê um formato científico ou prático e a enquadre em algum lugar entre as verdades existentes da filosofia ou da ciência. É de se supor que tais pensamentos felizes não ocorram às mulheres? Eles ocorrem por centenas a cada mulher intelectual. Mas na maioria se perdem, por falta de um marido ou de um amigo que tenha aquele outro conhecimento que lhes permitiria avaliá-los adequadamente e apresentá-los ao mundo; e, mesmo quando são apresentados, geralmente aparecem como ideias dele, e não de seu autor real. Quem pode dizer quanto dos pensamentos mais originais apresentados por escritores homens são de mulheres que os sugeriram enquanto eles só os verificaram e prepararam? Se posso julgar pelo meu próprio caso, é realmente uma proporção muito grande.

21 Se passarmos da especulação pura para a literatura, no sentido mais restrito do termo, e às belas-artes, existe uma razão muito óbvia para que a literatura das mulheres seja, em sua concepção geral e em suas principais características, uma imitação da dos homens. Por que a literatura romana, como proclamam os críticos à saciedade, não é original, mas uma imitação da grega? Simplesmente porque os gregos vieram primeiro. Se as mu-

lheres vivessem em um país diferente daquele dos homens, e nunca tivessem lido nenhum de seus escritos, elas teriam uma literatura própria. Por serem as coisas como são, elas nunca criaram uma, porque encontraram uma literatura altamente avançada já criada. Se não tivesse havido uma suspensão do conhecimento da Antiguidade, ou se o Renascimento tivesse ocorrido antes da construção das catedrais góticas, elas nunca teriam sido erguidas. Vemos que na França e na Itália a imitação da literatura antiga parou o desenvolvimento original mesmo depois de já ter começado. Todas as mulheres que escrevem são alunas dos grandes escritores homens. Os primeiros quadros de um pintor, mesmo que ele seja um Rafael, não se distinguem do estilo dos quadros de seu mestre. Mesmo um Mozart não exibe sua poderosa originalidade em suas primeiras peças. O que os anos representam para um indivíduo talentoso, as gerações representam para a massa. Se a literatura das mulheres se destina a ter um caráter coletivo diferente da dos homens, dependendo de qualquer diferença nas tendências naturais, será necessário muito mais tempo do que o que já se passou antes que ela possa se emancipar da influência de modelos já aceitos e se orientar por seus próprios impulsos. Mas se, como eu acredito, se evidenciar que não há tendências naturais comuns às mulheres e que distingam sua genialidade da dos homens, ainda assim cada escritora tem suas tendências individuais, que no presente ainda são subjugadas pela influência e pelo exemplo do que as precede: e deverão se passar gerações antes que sua individualidade esteja desenvolvida o suficiente para resistir a essa influência.

22 É nas belas-artes, muito propriamente assim ditas, que a evidência *prima facie* de um potencial inferior das mulheres parece, à primeira vista, ser mais forte: já que a opinião (pode-se

dizer) não as exclui das artes, mas as incentiva; e sua educação, em vez de ignorar esse aspecto, o inclui, especialmente nas classes mais ricas. No entanto, nessa linha de atuação elas ficaram, em relação a outras, ainda mais longe da alta eminência alcançada pelos homens. Essa deficiência, todavia, não precisa de outra explicação além do simples fato, mais universalmente verdadeiro nas belas-artes do que em qualquer outra coisa – da ampla superioridade dos profissionais em relação aos amadores. É fato praticamente universal que as mulheres das classes mais instruídas recebem ensinamentos em maior ou menor grau neste ou naquele ramo das belas-artes, mas não a ponto de poderem se sustentar ou terem algum ganho social com isso. As mulheres artistas são todas amadoras. As exceções são apenas do tipo que confirma essa verdade universal. As mulheres aprendem música, mas não com o propósito de compor, apenas para executá-las; e, por isso, é só como compositores que os homens são superiores às mulheres na música. A única das belas-artes à qual as mulheres se dedicam, em alguma medida, como profissão e como uma ocupação para toda a vida, é a arte dramática; e nisso elas são confessadamente iguais aos homens, senão superiores. Para fazer uma justa comparação, ela deveria ser feita entre as produções das mulheres, em qualquer ramo da arte, e as dos homens que não o seguem como profissão. Na composição musical, por exemplo, as mulheres certamente têm produzido coisas tão boas quanto as que já foram produzidas por homens amadores. Existem agora algumas mulheres, pouquíssimas, que praticam a pintura como profissão, e já estão começando a demonstrar tanto talento quanto se poderia esperar. Mesmo pintores homens (*pace* o Sr. Ruskin) não têm feito figura muito marcante nestes últimos séculos, e ainda vai demorar muito até que façam. A razão pela qual os pintores antigos eram tão superiores aos modernos é que uma categoria muito superior de homens se dedicava à arte. Nos séculos XIV e XV os pintores italianos eram os homens mais desenvolvidos de sua época. Os maiores entre eles eram homens de conhecimento e capacidades enciclopédicos, como os grandes homens da Grécia. Mas em seu tempo as belas-artes estavam, para os sentimentos e concepções dos homens, entre uma das coisas mais grandiosas nas quais um ser humano poderia se destacar; e por meio delas os homens se tornavam o que hoje somente a distinção política ou militar pode fazer, torná-los companhia de soberanos e iguais da mais alta nobreza. Na época atual, homens de envergadura parecida encontram algo mais importante do que a pintura para fazer, pela sua própria fama e pelos costumes do mundo moderno: e é apenas de vez em quando que um Reynolds ou um Turner (de cuja posição relativa entre os homens mais eminentes não pretendo emitir opinião) se dedica a essa arte. A música pertence a uma ordem diferente de coisas; não requer os mesmos poderes gerais da mente, mas parece depender mais de um dom natural: e pode ser considerado surpreendente que nenhum dos grandes compositores musicais tenha sido uma mulher. Mas mesmo esse dom natural, para se tornar disponível para grandes criações, requer um estudo e uma dedicação de profissionais à finalidade. Os únicos países que produziram compositores de primeira linha, mesmo que do sexo masculino, são a Alemanha e a Itália - países nos quais, em relação a um refinamento cultural tanto especial quanto geral, as mulheres ficaram muito atrás das da França e da Inglaterra, sendo geralmente (pode ser dito sem exageros) muito pouco instruídas, e quase não tendo cultivado de todo qualquer das elevadas faculdades da mente. E nesses países os homens que estão familiarizados com os princípios da composição musical devem ser contados por centenas, ou mais provavelmente por milhares, e as mulheres apenas por vintenas: de modo que aqui, mais uma vez, pela doutrina das médias, não podemos de maneira razoável esperar ver mais do que uma mulher eminente para cada cinquenta homens eminentes; e os três últimos séculos não produziram cinquenta eminentes compositores masculinos, seja na Alemanha ou na Itália.

23 Existem outras razões, além dessa que agora foi apresentada, que ajudam a explicar por que as mulheres permanecem atrás dos homens mesmo em relação a objetivos que estão abertos a ambos. Uma delas é que pouquíssimas mulheres têm tempo para eles. Isso pode parecer um paradoxo, mas é um fato social indubitável. O tempo e os pensamentos de cada mulher têm de satisfazer a grandes e prévias exigências que lhes são feitas para coisas práticas. Há, em primeiro lugar, a supervisão da família e das despesas domésticas, que ocupam pelo menos uma mulher em cada família, geralmente aquela com idade madura e experiência adquirida; a menos que a família seja tão rica que possa admitir delegar essa tarefa a uma agência contratada, submetendo-se a todo o desperdício e malversação que são inseparáveis dessa maneira de proceder. A supervisão de uma casa, mesmo quando não é trabalhosa em outros aspectos, é extremamente pesada para os pensamentos; requer incessante vigilância, um olho que não deixe escapar nenhum detalhe, e está sempre apresentando questões, previstas ou não, a serem consideradas e solucionadas a cada hora do dia, das quais a pessoa responsável dificilmente pode se livrar. Se uma mulher está em uma posição e em circunstâncias que a aliviam em certa medi-

da desses cuidados, ainda assim lhe compete administrar toda a sua família em seus relacionamentos com os outros – o que é chamado de sociedade – e, por menos que for exigida pelo primeiro dever, o maior deles é sempre o desenvolvimento deste último: os jantares festivos, os concertos, as festas noturnas, as visitas matutinas, a correspondência e tudo o que isso implica. Tudo isso está além do dever cansativo que a sociedade impõe exclusivamente às mulheres, o de se fazerem encantadoras. Uma mulher inteligente das camadas mais altas da sociedade encontra um emprego praticamente suficiente de seus talentos no cultivo das boas maneiras e na arte da conversação. Olhando apenas para o aspecto externo do assunto: o grande e contínuo exercício de pensamento que todas as mulheres que valorizam de algum modo o vestir bem (não me refiro a ser dispendioso, mas de bom gosto, e a percepção de *convenance* natural e artificial) deve aplicar ao seu próprio vestir, talvez também ao de suas filhas, levaria, por si, a um grande caminho para alcançar resultados respeitáveis na arte, na ciência ou na literatura, e esgota, de fato, muito do tempo e da capacidade mental que elas poderiam reservar para algum desses objetivos[13]. Se é

---

13. Este parece ser o mesmo enfoque correto da mente que permite ao homem adquirir a *verdade*, ou a justa ideia do que é correto nesses ornamentos, assim como nos princípios mais estáveis da arte. Tem ainda o mesmo centro de perfeição, embora seja este o centro de um círculo menor. – Para ilustrar a questão pela moda no vestuário, na qual isso pode implicar que haja um bom ou mau gosto: as partes componentes do vestuário mudam continuamente de grandes para pequenas, de curtas para longas; mas o formato geral ainda permanece: é ainda o mesmo vestuário geral, que é relativamente fixo, embora em uma base muito tênue; mas é sobre ele que a moda deve se apoiar.

possível que toda essa quantidade de pequenos interesses (que para elas se fizeram grandes) as deixem muito ociosas, ou com muita energia e liberdade mental a serem dedicadas à arte ou à especulação, elas devem ter um suprimento original ainda maior de faculdades ativas do que a grande maioria dos homens. Mas isso não é tudo. Independentemente das obrigações habituais da vida que incumbem a uma mulher, espera-se que ela tenha seu tempo e suas faculdades sempre à disposição de todos. Mesmo que um homem não tenha uma profissão que o isente dessas exigências, ainda assim, se ele tiver alguma atividade não ofenderá ninguém dedicando seu tempo a ela; essa ocupação será aceita como um pretexto válido para que ele não responda a alguma exigência eventual que lhe possa ser feita. Alguma vez se considerou que as ocupações de uma mulher, especialmente aquelas que ela escolher voluntariamente, podem ser consideradas como um pretexto para dispensá-la da denominada solicitação da sociedade? Raramente seus deveres mais necessários e reconhecidos serão permitidos como uma isenção. É preciso que haja uma doença na família, ou algo fora do comum, para lhe permitir dar precedência aos seus próprios assuntos sobre os que dizem respeito a outras pessoas. Ela tem de estar sempre à disposição de alguém, geralmente de todos. Se ela tiver um estudo ou uma atividade, para se dedicar a eles terá de aproveitar qualquer curto intervalo que

---

Aquele cujas invenções alcançam o maior sucesso, ou se veste com o melhor gosto, provavelmente, com a mesma sagacidade aplicada para propósitos maiores, estará revelando ter igual talento, ou ter formado o mesmo gosto correto em relação aos mais altos trabalhos da arte" (REYNOLDS, J. *Discursos*, VII).

possa ocasionalmente ocorrer. Uma célebre mulher, em um trabalho que espero que algum dia seja publicado, observa com muita razão que tudo o que uma mulher faz é feito em intervalos esparsos. É então de se admirar que ela não alcance a mais alta eminência em coisas que requerem atenção contínua e que nelas se concentrem os principais interesses da vida? Assim é a filosofia, e assim é, sobretudo, a arte, para a qual, além da dedicação dos pensamentos e sentimentos, a mão também deve ser mantida em constante exercício para atingir alta habilidade.

24 Há outra consideração a ser adicionada a todas essas. Nas várias artes e ocupações individuais, existe um grau de proficiência que é suficiente para se viver delas, e existe um grau mais alto, do qual dependem as grandes obras que imortalizam um nome. Para se alcançar o primeiro, há motivação adequada no caso de todos os que têm um propósito profissional: o outro raramente é alcançado quando não existe, ou onde não houve em algum período da vida um desejo ardente de celebridade. Nada menos do que isso será, em geral, um estímulo suficiente para percorrer o longo e paciente trabalho que, mesmo no caso dos maiores talentos naturais, é absolutamente necessário para se alcançar grande eminência em atividades das quais já temos na memória as mais altas genialidades. Agora, seja a causa natural ou artificial, as mulheres raramente têm essa ânsia pela fama. Sua ambição está geralmente confinada dentro de limites mais estreitos. A influência que elas buscam ter é sobre aqueles que estão imediatamente à sua volta. Seu desejo é ser estimada, amada e admirada por aqueles ao alcance de seus olhos: e elas quase sempre se contentam com a proficiência no conhecimento, nas artes e habilidades que sejam suficientes para isso. Esse é um traço de caráter

que não pode ser deixado de levar em conta quando se julga as mulheres como elas são. Eu não acredito de modo algum que isso seja inerente às mulheres. É apenas o resultado natural de suas circunstâncias. O amor à fama nos homens é estimulado pela educação e pela opinião: "desprezar os prazeres e viver dias laboriosos" em nome dela é tido como um papel das "mentes nobres", mesmo quando se diz que ela é a sua "última fraqueza", e é estimulado pelo acesso que a fama propicia a todos os objetos de ambição, incluindo até mesmo o favor das mulheres; enquanto para as próprias mulheres todos esses objetivos estão fechados, e o desejo de fama em si é considerado ousado e sem feminilidade. Além disso, como seria possível que os interesses de uma mulher não se concentrassem na impressão que ela causa naqueles que participam de sua vida diária, quando a sociedade ordenou que todos os seus deveres sejam para com eles, e inventou que todos os seus confortos devem depender deles? O desejo natural de ter a consideração de nossos semelhantes é tão forte em uma mulher quanto em um homem; mas a sociedade ordenou as coisas de tal forma que, normalmente, a mulher só pode alcançar a consideração pública por meio da consideração por seu marido, ou por suas relações masculinas, enquanto a consideração por ela mesma é perdida quando se destaca individualmente ou quando desempenha um papel diferente do de apêndice do homem. Quem quer que seja ao menos capaz de estimar a influência que toda essa posição doméstica e social, e todo um hábito de vida, exercem sobre a mente, deverá reconhecer facilmente nessa influência uma explicação completa para quase todas as aparentes diferenças entre mulheres e homens, incluindo a totalidade das que implicam alguma inferioridade.

25 Quanto às diferenças morais, consideradas distintas das intelectuais, a diferença comumente é feita em benefício das mulheres. Elas são declaradas melhores do que os homens; um elogio vazio, que deve provocar um sorriso amargo de toda mulher de espírito, uma vez que não há outra situação na vida na qual seja parte da ordem estabelecida, e considerado muito natural e apropriado, que o melhor preste obediência ao pior. Se esse exemplar de conversa ociosa pode servir para alguma coisa, será apenas como uma admissão, pelos homens, da influência corruptora do poder; porque essa é certamente a única verdade que o fato, se é que se trata de um fato, prova ou ilustra. E *é* verdade que a servidão, exceto quando efetivamente brutaliza, embora corruptora de ambos, é menos para os escravos do que para o senhor de escravos. Para a natureza moral é mais saudável que seja contida, mesmo que por um poder arbitrário, do que ser permitido o exercício do poder arbitrário sem restrições. As mulheres, assim se diz, raramente são submetidas à lei penal - contribuem muito menos vezes como agressoras para o calendário criminal - do que os homens. Não duvido que o mesmo possa ser dito, com a mesma verdade, dos escravos negros. Aqueles que estão sob o controle de outros não têm como cometer crimes frequentemente, a menos que seja a comando e para os propósitos de seus amos. Não conheço um exemplo mais indicativo da cegueira com que o mundo, incluindo toda a multidão de homens estudiosos, ignora e desconsidera as influências das circunstâncias sociais, do que sua tola depreciação da natureza intelectual e seus tolos panegíricos sobre a natureza moral das mulheres.

26 O dito elogioso sobre a virtude moral superior da mulher pode ser emparelhado com o

dito desabonador a respeito de sua maior suscetibilidade a uma predisposição moral. As mulheres, segundo nos dizem, não são capazes de resistir a suas parcialidades pessoais: seu julgamento em assuntos mais graves é distorcido por suas simpatias e antipatias. Assumindo que seja assim, resta ainda provar que as mulheres são com mais frequência desorientadas pelos seus sentimentos do que os homens por seus interesses pessoais. A principal diferença nesse caso pareceria ser a de que os homens são desviados do dever e do interesse público por sua consideração por si mesmos, e as mulheres (não sendo permitido que tenham interesses privados próprios) por sua consideração por outra pessoa. Deve também ser considerado que toda a educação que as mulheres recebem da sociedade inculca nelas o sentimento de que os indivíduos ligados a ela são os únicos para com os quais têm alguma obrigação – os únicos de cujo interesse elas são chamadas a cuidar; enquanto, no que diz respeito à educação, deixa-se que fiquem alienadas até mesmo das ideias elementares que pressupõe existirem em toda consideração inteligente de interesses maiores ou em objetos da mais alta moralidade. A única coisa que se reclama delas resume-se meramente nisso, que cumpram com demasiada fidelidade a única obrigação que lhes é exigida e quase a única que lhes é permitida praticar.

27 É tão raro que as concessões que os privilegiados fazem aos não privilegiados ocorram por qualquer motivo melhor do que o poder que os não privilegiados têm de extorqui-las, que quaisquer argumentos contra a prerrogativa do sexo provavelmente serão pouco atendidos, enquanto os homens forem capazes de dizer a si mesmos que as mulheres não estão reclamando disso. Esse fato certamente permite que os homens mantenham seus injustos privilégios por mais algum tempo, mas

isso não os torna menos injustos. Pode-se dizer exatamente a mesma coisa sobre as mulheres no harém de um oriental: elas não reclamam de não se lhes permitir a liberdade que se permite às europeias. Elas pensam que nossas mulheres são insuportavelmente audaciosas e sem feminilidade. Como é raro que até mesmo os homens reclamem da organização geral da sociedade; e quão mais rara ainda seria essa reclamação se eles não soubessem de nenhuma outra forma de organização existente em qualquer outro lugar. As mulheres não reclamam da parte que as afeta; ou melhor, até o fazem, pois é muito comum se encontrarem elegias queixosas nos escritos femininos, e ainda mais na medida em que não se suspeita que essas lamentações tenham um objetivo prático. Suas queixas são como as reclamações que os homens fazem da insatisfação geral da vida humana; não têm a intenção de implicar uma culpa, ou de pleitear alguma mudança. Mas, embora as mulheres não reclamem do poder dos homens, cada uma reclama do próprio marido ou do marido de suas amigas. O mesmo acontece em todos os outros casos de servidão, ao menos no início do movimento emancipatório. Os servos não reclamaram primeiro do poder de seus senhores, mas apenas de sua tirania. Os comuns começaram reivindicando alguns privilégios municipais; em seguida pediram isenção de serem taxados sem seu consentimento; mas devem ter pensado nesse momento que era uma grande presunção reivindicar alguma forma de participação na autoridade soberana do rei. O caso das mulheres é agora o único no qual o ato de se rebelar contra regras estabelecidas ainda é visto com os mesmos olhos com que era antes vista a reivindicação de um súdito de se rebelar contra seu rei. Uma mulher que se junte a qualquer movimento que seu marido desaprove está fazendo de si mesma uma mártir, sem ser capaz de ser uma apóstola, porque o marido pode legalmente pôr um fim a seu apostolado. Não se pode esperar que as mulheres se dediquem à sua emancipação até que um número considerável de homens esteja preparado para se juntar a elas nesse empreendimento.

Capítulo 4

1 Resta uma questão, não menos importante do que as que já foram discutidas, e que será levantada mais insistentemente por aqueles adversários cuja convicção tiver sido um tanto abalada em seu ponto principal. O que de bom podemos esperar das mudanças propostas em nossos costumes e em nossas instituições? A humanidade seria de alguma forma melhor se as mulheres fossem livres? Se não, por que perturbar suas mentes e tentar fazer uma revolução social em nome de um direito abstrato?

2 Dificilmente se poderá esperar que essa pergunta seja feita a respeito da mudança proposta na condição da mulher no casamento. Os sofrimentos, as imoralidades e os males de toda espécie produzidos em inúmeros casos pela sujeição de mulheres, como indivíduos, a seus maridos são demasiado terríveis para serem negligenciados. Pessoas desavisadas ou mal-intencionadas, levando em consideração apenas os casos extremos, ou que alcançam publicidade, podem dizer que os males são excepcionais; mas ninguém pode estar cego à sua existência, nem, em muitos casos, à sua intensidade. E é perfeitamente óbvio que o abuso de poder não pode ser bem verificado enquanto o poder permanecer. É um poder dado, ou oferecido, não a homens bons ou decentemente respeitáveis, mas a todos os homens; os mais brutais e os mais criminosos. Não há uma vigilância, a não ser a da opinião, e esses homens não estão, no geral, ao alcance de outra opinião senão

a de homens iguais a eles. Se tais homens não exercessem uma tirania brutal sobre o único ser humano a quem a lei obriga a suportar tudo o que fazem, a sociedade já poderia ter alcançado um estado paradisíaco. Não haveria mais necessidade de leis para coibir as propensões violentas dos homens. Astreia não só deveria ter retornado à terra, como o coração do pior dos homens deveria ter se tornado o seu templo. A lei da servidão no casamento é uma contradição monstruosa com todos os princípios do mundo moderno e com toda a experiência sobre a qual esses princípios têm sido lenta e arduamente elaborados. É o único caso, agora que a escravidão do negro foi abolida, em que um ser humano na plenitude de todas as suas faculdades é entregue à mercê de outro ser humano, na esperança, sem dúvida, de que este use seu poder apenas para o bem da pessoa que lhe está submetida. O casamento é a única servidão real conhecida pela nossa lei. Não restam mais escravos legais, exceto as donas de casa.

3 Não é, portanto, sobre esta parte da questão que se pode formular a pergunta, *Cui bono*? Pode nos ser dito que o mal pesa mais do que o bem, mas que a realidade do bem admite que não há disputa. Em relação, no entanto, à questão maior – a remoção das incapacidades das mulheres –, seu reconhecimento como iguais aos homens em tudo o que diz respeito à cidadania – a abertura para elas de todos os empregos dignos, e da formação e da educação que as qualifique para esses empregos –, há muitas pessoas para as quais não é suficiente que não exista uma defesa justa ou legítima da desigualdade; elas exigem que lhes seja dito qual seria a vantagem expressa que se obteria ao se abolir isso.

4 A isso me permito responder em primeiro lugar, a vantagem de ter a mais universal e difundida de todas as formas de relações hu-

manas reguladas pela justiça e não pela injustiça. Dificilmente seria possível colocar a explicação ou a ilustração da imensidade desse ganho para a natureza humana sob uma luz mais forte do que a dessa simples declaração, para todo aquele que atribui um significado moral às palavras. Todas as propensões egoísticas, a egolatria, a injusta priorização de si mesmo, que existe entre a humanidade, têm sua origem, raiz e fonte de alimentação na atual constituição das relações entre homens e mulheres. Pense no que é para um menino crescer e chegar a ser um homem na crença de que sem nenhum mérito ou empenho próprios, mesmo que seja o mais frívolo ou vazio ou o mais ignorante e apático ser da humanidade, pelo simples fato de ter nascido homem, ele é por direito superior a toda e qualquer pessoa de toda uma metade da raça humana – incluindo, provavelmente, algumas cuja real superioridade ele tem a oportunidade de constatar diariamente, ou a cada hora –, mas, mesmo que em toda a sua conduta ele habitualmente siga a orientação de uma mulher, ainda assim, se for um tolo, pensará que sem dúvida ela não é, e não pode ser, igual a ele em habilidade e juízo; e se ele não for um tolo, faz pior – percebe que ela é superior a ele e acredita que, não obstante sua superioridade, ele tem o direito de comandar e ela é obrigada a obedecer. Qual deve ser o efeito dessa lição em seu caráter? E os homens das classes mais instruídas muitas vezes não se dão conta de quão intensamente essa noção se aprofunda na maioria das mentes masculinas. Porque, entre as pessoas de bons sentimentos e bem-educadas, a desigualdade é mantida fora de vista tanto quanto possível; acima de tudo, fora da vista das crianças. É exigido dos meninos tanta obediência à sua mãe quanto a seu pai; não lhes é permitido exercer domínio sobre suas irmãs, nem são acostumados a vê-

-las preteridas em relação a eles, mas o contrário; as compensações de um sentimento cavalheiresco são destacadas, enquanto a servidão exigida delas é mantida em segundo plano. Os jovens bem-educados das classes mais altas muitas vezes escapam, em seus primeiros anos, das más influências da situação, e só as experimentam quando, na idade adulta, caem no domínio dos fatos tais como realmente existem. Essas pessoas são pouco conscientes, quando um menino é educado de maneira diferente, de quão cedo surge em sua mente a noção de sua inerente superioridade em relação às meninas; como isso cresce à medida que ele cresce, e como se fortalece à medida que ele se fortalece; como é inoculada na escola de um menino a outro; quão cedo um jovem se julga superior a sua mãe, talvez lhe concedendo indulgência, mas sem verdadeiro respeito; e como é sublime e sultanesco o sentimento de superioridade que ele tem, acima de tudo, em relação à mulher que se digna a admitir como companheira em sua vida. Pode-se imaginar que tudo isso não perverta todo o modo de existência do homem, tanto como indivíduo quanto como ser social? É um paralelo exato ao sentimento de um rei que herdou o trono de sua superioridade e excelência em relação aos outros por ter nascido rei, ou de um nobre por ter nascido nobre. A relação entre marido e mulher é muito parecida com a do senhor com o vassalo, exceto pelo fato de que a mulher é obrigada a uma obediência mais ilimitada do que a imposta ao vassalo. Contudo, o caráter do vassalo pode ter sido afetado, para melhor ou para pior, por sua subordinação; quem poderá ver que o do senhor foi grandemente afetado para pior? se ele foi levado a acreditar que seus vassalos eram realmente superiores, ou a sentir que tinha o comando sobre pessoas tão boas quanto ele mesmo, não por méritos ou esforços seus, mas meramente por ter tido, como dizia Fígaro, o trabalho de nascer. A egolatria do monarca ou do senhor feudal é análoga à egolatria do homem. Os seres humanos não saem da infância na posse de distinções sem se apegar a elas. Aqueles cujos privilégios não adquiridos por seu próprio mérito, e dos quais não se sentem merecedores, lhes inspiram ainda maior humildade são sempre a minoria, e a melhor minoria. Os demais só se inspiram no orgulho, e no pior tipo de orgulho, aquele que sentem por usufruir de vantagens acidentais e não conquistadas por eles. Acima de tudo, quando o sentimento de estar acima de todo o outro sexo é combinado com o exercício de autoridade pessoal sobre um indivíduo entre eles; a situação, se é uma escola de consciência e afetuosa indulgência para aqueles cujos pontos mais fortes do caráter são consciência e afeto, é para homens de outra qualidade uma estável e constituída academia ou ginásio para treiná-los na arrogância e no autoritarismo; e cujos vícios, se limitados pela certeza de encontrar resistência em sua interação com outros homens, seus iguais, se manifestam para todos os que estão em posição de serem obrigados a tolerá-los, e muitas vezes se vingam na infeliz esposa pela restrição involuntária a que são obrigados a se submeter em outro lugar.

5 O exemplo oferecido, e a educação que se dá aos sentimentos, ao se estabelecerem os fundamentos da existência doméstica em uma relação que contradiz os princípios elementares de justiça social, deve, de acordo com a própria natureza do homem, ter uma influência perniciosa de tal magnitude que é quase impossível, com base em nossa experiência atual, levar nossa imaginação a conceber quão grande mudança para melhoria se obteria com sua remoção. Tudo o que a educação e a civilização estão fazendo para eliminar a influência que a

lei da força exerce sobre o caráter, e substituí-la pela da justiça, ficará meramente na superfície enquanto a cidadela do inimigo não for atacada. O princípio do movimento moderno na moral e na política é que a conduta, e somente a conduta, dá direito ao respeito: que não é o que os homens são, mas o que eles fazem, que constitui sua pretensão de deferência; que, acima de tudo, o mérito, e não o berço, é a única pretensão legítima para o poder e a autoridade. Se nenhuma autoridade, não por natureza temporária, fosse permitida a um ser humano sobre outro, a sociedade não seria usada para construir por um lado propensões que terá de neutralizar por outro. A criança realmente seria, pela primeira vez na existência do homem sobre a terra, educada no caminho pelo qual deveria seguir, e quando fosse adulta haveria uma chance de que dele não se desviasse. Mas enquanto o direito do forte de dominar o fraco estiver no coração da sociedade, a tentativa de fazer do direito igualitário do fraco o princípio de suas ações exteriores sempre será uma luta árdua; porque a lei da justiça, que é também a lei do cristianismo, jamais se apossará dos sentimentos mais íntimos do homem; eles estarão trabalhando contra ela, mesmo quando a ela se submetem.

6 O segundo benefício que se esperaria de se permitir às mulheres o livre-uso de suas faculdades mentais, deixando-as livres para escolher como empregá-las e abrindo-lhes os mesmos campos de ocupação e os mesmos prêmios e incentivos que se concedem a outros seres humanos, seria o de duplicar a quantidade de faculdades mentais disponíveis para o mais alto serviço da humanidade. Onde existe agora uma pessoa qualificada para beneficiar a humanidade e promover uma melhoria geral, como professor da educação pública ou administrador de algum ramo de assuntos públicos ou sociais,

haveria então a possibilidade de existirem duas. A superioridade mental, em qualquer campo, está atualmente muito abaixo da demanda em todos os lugares; há uma deficiência tão grande de pessoas para fazer excelentemente qualquer coisa que requeira uma capacidade considerável de aptidão para fazê-la; que a perda para o mundo, ao se recusar a fazer uso da metade de toda a quantidade de talento que possui, é extremamente grave. É verdade que essa quantidade de poder mental não está totalmente perdida. Muito dela é empregada, e de qualquer forma seria empregada, em gerenciamento doméstico e nas poucas outras ocupações abertas às mulheres; e no restante, em muitos casos se obtém benefícios indiretos pela influência pessoal de determinadas mulheres sobre determinados homens. Mas esses benefícios são parciais; seu alcance é extremamente circunscrito; e se, por um lado, precisam ser admitidos como uma dedução na quantidade de um novo poder social que seria adquirido ao conceder liberdade à metade do intelecto humano existente, deve ser acrescentado, por outro lado, o benefício do estímulo que seria dado pela competição ao intelecto dos homens; ou (para usar uma expressão mais verdadeira), pela necessidade que lhes seria imposta de merecerem precedência antes de poderem esperar obtê-la.

7 A grande admissão ao poder intelectual dos dois gêneros da espécie e à quantidade de intelecto disponível para um bom gerenciamento de seus interesses seria obtida, parcialmente, por meio de uma melhor e mais completa educação intelectual das mulheres, que então se aprimoraria *pari passu* com a dos homens. As mulheres, em geral, receberiam uma educação que as faria igualmente capazes de compreender os negócios, as questões públicas e os mais altos assuntos especulativos tanto quanto os homens da mesma classe social; e

as poucas pessoas mais seletas de um ou de outro sexo que fossem qualificadas para compreender não só o que é feito ou pensado pelas outras, mas para pensar ou fazer algo considerável por elas mesmas, encontrariam as mesmas facilidades, fossem de um ou de outro sexo, para aprimorar e treinar as suas aptidões. Dessa forma, a ampliação do campo de ação das mulheres funcionaria para o bem, elevando sua educação ao nível da dos homens, e fazendo com que cada um participasse das melhorias alcançadas pelo outro. Mas, independentemente disso, a simples derrubada da barreira entre eles teria por si só uma virtude educacional de alto valor. A mera eliminação da ideia de que todos os campos mais amplos de pensamento e ação, todas as coisas que são de interesse geral e não apenas de interesse particular, são assuntos dos homens, dos quais as mulheres devem ser banidas - certamente interditas da maioria delas, friamente toleradas nas poucas que lhes são permitidas - a mera consciência de que uma mulher teria então de ser um ser humano como qualquer outro, com direito de escolher seus objetivos, solicitada ou induzida pelos mesmos estímulos que agem sobre qualquer outro ser humano a se interessar pelo que quer que seja, com direito de exercer sua parcela de influência em todas as questões que pertencem a uma opinião individual, tentando ou não sua participação efetiva nelas - só isso já levaria a uma imensa expansão das faculdades das mulheres, bem como a ampliação do alcance de seus sentimentos morais.

8 Além desse acréscimo à quantidade de talento individual disponível para a condução dos assuntos humanos, que certamente não é, neste momento, tão abundantemente provido a esse respeito que possa dispensar metade do que a natureza oferece, a opinião das mulheres teria então uma influência mais benéfica, e não maior, sobre a massa

geral das crenças e dos sentimentos humanos. Eu digo influência mais benéfica, e não maior; porque a influência das mulheres sobre o tom geral da opinião tem sido sempre, ou pelo menos desde o mais remoto período de que se tem notícia, muito considerável. A influência das mães sobre a formação do caráter de seus filhos e o desejo dos homens jovens de se mostrarem atraentes para as moças têm sido, no registro de todos os tempos, importantes agentes na formação do caráter e determinaram alguns dos principais passos no progresso da civilização. Mesmo na época de Homero, o pudor [αἰδῶς] diante das troianas com seus longos vestidos [τρωάδασ ἑλχεσιπέπλους] era um consciente e poderoso motivo de ação do grande Heitor. A influência moral das mulheres teve dois modos de atuação. Primeiro, foi uma influência moderadora. Aqueles que eram mais propensos a serem vítimas de violência, naturalmente, manifestaram o máximo que puderam uma tendência a limitar seu alcance e mitigar os seus excessos. Aqueles que não tinham sido ensinados a lutar ficaram naturalmente inclinados a favor de qualquer outro modo de resolver diferenças que não fosse o da luta. Em geral, aqueles que tinham sido os que mais sofreram indulgência com paixões egoísticas foram os que mais seriamente apoiaram toda lei moral que oferecia meios de dominar a paixão. As mulheres foram poderosos instrumentos para induzir os conquistadores do norte a adotarem o cristianismo, uma crença muito mais favorável a elas do que qualquer uma que a tenha antecedido. Pode-se dizer que a conversão dos anglo-saxões e dos francos foi iniciada pelas esposas de Etelberto e de Clóvis. A outra forma pela qual o efeito da opinião das mulheres tem sido evidente é exercendo um poderoso estímulo às qualidades dos homens que, não cultivadas nas mulheres, têm necessidade de encontrá-las em seus protetores. A coragem e as virtudes em geral deveram-se sempre, em grande medida, ao desejo que os homens sentiam de serem admirados pelas mulheres: e esse estímulo vai muito além do que só essa classe de qualidades notáveis, uma vez que, como um efeito muito natural de sua posição, o melhor passaporte para a admiração e o favor das mulheres sempre foi ser altamente considerado pelos homens. Da combinação desses dois tipos de influência moral assim exercidas pelas mulheres surgiu o espírito do cavalheirismo, cuja peculiaridade é ter como objetivo a combinação dos mais altos padrões das qualidades militares com o cultivo de uma classe de virtudes totalmente diferente – a da gentileza, da generosidade e da abnegação, em geral para com as classes não militares e indefesas, e uma especial submissão e devoção às mulheres que se distinguiam das outras classes indefesas pelas altas recompensas que tinham em seu poder para conceder voluntariamente àqueles que se esforçavam para ganhar seu favor, em vez de exortar sua sujeição. Embora a prática do cavalheirismo tenha ficado, tristemente, mais aquém de seu modelo teórico do que a prática fica da teoria, a prática do cavalheirismo continua sendo um dos monumentos mais preciosos da história moral da nossa raça; como uma instância notável de uma tentativa compactuada e organizada por uma sociedade das mais desorganizadas e aturdidas de elevar e praticar um ideal moral muito avançado em relação a suas condições sociais e suas instituições; apesar de completamente frustrado em seu objetivo principal, embora nunca de todo ineficaz, e tendo deixado uma marca muito sensível, e em grande parte muito valiosa, nas ideias e sentimentos de todas as épocas subsequentes.

9 O ideal do cavalheirismo é o ponto culminante da influência dos sentimentos das

mulheres na cultura moral da humanidade: e, se as mulheres devem permanecer em situação de subordinação, seria muito lamentável que o padrão do cavalheirismo tivesse se extinguido, porque é o único entre todos capaz de atenuar as influências desmoralizadoras dessa situação. Mas as mudanças no estado geral da espécie tornaram inevitável a substituição do ideal do cavalheirismo por um ideal de moralidade totalmente distinto. O cavalheirismo foi uma tentativa de infundir elementos morais em um estado da sociedade no qual tudo dependia, para o bem ou para o mal, da bravura individual, sob as influências atenuadoras da delicadeza e generosidade individuais. Nas sociedades modernas, todas as coisas, mesmo no campo dos assuntos militares, são decididas não por esforço individual, mas pelas operações combinadas de diversas pessoas, enquanto a principal atividade da sociedade mudou da luta para os negócios, da vida militar para a vida industrial. As exigências da nova vida não excluem mais do que as da antiga as virtudes da generosidade, porém já não mais dependem inteiramente delas. Os principais fundamentos da vida moral dos tempos modernos devem ser a justiça e a prudência, o respeito a cada um dos direitos de todos os outros, e a capacidade de cada um cuidar de si mesmo. O cavalheirismo não considerou a legalidade de todas as formas de injustiça que reinavam impunes em toda a sociedade; apenas incentivou uns poucos a fazer o bem em detrimento do mal, com a direção que deu aos instrumentos de louvor e admiração. Mas a real dependência da moralidade deve estar sempre em suas sanções penais – que é o seu poder de dissuasão do mal. A segurança da sociedade não pode se basear meramente no ato de homenagear o direito, motivo em termos comparativos tão fraco, a não ser para uns poucos, e que para muitos não funciona de todo. A sociedade moderna é capaz de reprimir o que é errado em todos os setores da vida, por meio de um exercício adequado de uma força superior que a civilização lhe deu, tornando assim a existência dos membros mais fracos da sociedade (não mais indefesos, e sim protegidos pela lei) tolerável para eles, sem depender dos sentimentos cavalheirescos daqueles que estão em uma posição que lhes permite exercer tirania. As belezas e as graças do caráter cavalheiresco ainda são o que eram, mas os direitos do fraco e o conforto geral da vida humana agora repousam em um apoio muito mais seguro e firme; ou melhor, funcionam assim em todas as relações da vida, exceto na conjugal.

10 Atualmente, a influência moral das mulheres não é menos real, porém não tem mais um caráter tão marcado e definido; é como se tivesse se fundido com a influência geral da opinião pública. Tanto pelo contágio da simpatia quanto pelo desejo dos homens de brilhar aos olhos das mulheres, seus sentimentos têm um grande efeito em manter vivo o que resta do ideal do cavalheirismo – no incentivo dos sentimentos e na continuidade das tradições do espírito e da generosidade. Nesses aspectos do caráter, o padrão delas é mais elevado do que o dos homens; na qualidade da justiça, um pouco inferior. No que diz respeito às relações da vida privada, pode-se dizer, de modo geral, que sua influência é, no todo, encorajadora dos sentimentos mais amenos e desencorajadora dos mais duros; embora essa declaração deva ser assimilada com todas as modificações que dependem do caráter individual. No mais importante dos grandes julgamentos em que a virtude é um objeto das preocupações da vida – o conflito entre o interesse e o princípio –, a tendência da influência das mulheres é de um caráter muito eclético. Quando acontece de o princípio envolvido

ser um dos pouquíssimos que no curso da educação religiosa ou moral delas as tenha impressionado fortemente, são poderosas auxiliares da virtude e seus maridos e filhos são frequentemente instigados por elas a atos de abnegação que nunca teriam sido capazes de fazer sem esse estímulo. Porém, com a atual educação e posição das mulheres, os princípios morais que lhes foram incutidos abrangem apenas uma parte comparativamente pequena do campo da virtude, e são, além disso, principalmente negativos; proibindo atos específicos, mas tendo pouco a ver com a orientação geral dos pensamentos e propósitos. Receio que tenha de ser dito que essa postura desinteressada na maneira de conduzir a vida em geral – a dedicação das energias a propósitos que não prometem vantagens particulares para a família – é raramente encorajada ou apoiada pela influência das mulheres. Não se pode culpá-las por seu desencorajamento de objetivos cujas vantagens não foram ensinadas a ver, e que afasta seus homens delas e dos interesses da família. Mas a consequência é que a influência da mulher frequentemente é qualquer coisa, menos favorável à virtude pública.

11 As mulheres têm, no entanto, alguma parte de influência no processo de dar o tom das moralidades públicas, desde que sua esfera de ação foi ampliada e desde que um considerável número delas se ocupou na prática na promoção de objetivos que estão além de sua própria família e de sua casa. A influência das mulheres é considerável em dois aspectos mais marcantes da vida moderna na Europa – na sua aversão à guerra e em sua adesão à filantropia. Ambas excelentes características; mas, infelizmente, se a influência das mulheres é valiosa no estímulo que dá a esses sentimentos em geral, a direção que dá em suas aplicações específicas é com frequência tão nociva quanto útil. No setor da fi-

lantropia, em especial, os dois campos mais cultivados pelas mulheres são o do proselitismo religioso e o da caridade. Proselitismo religioso dentro de casa não é mais do que outra palavra para o acirramento das animosidades religiosas fora dela; e é geralmente uma corrida cega para um objetivo sem conhecer ou dar atenção para os danos fatais - fatais para o próprio objetivo religioso, bem como para todos os outros objetivos desejáveis - que podem ser causados pelos meios empregados. Quanto à caridade, é uma questão em que o efeito imediato sobre as pessoas diretamente envolvidas e a consequência final para o bem geral são capazes de entrar em completa guerra uma com a outra: enquanto a educação que se dá às mulheres - uma educação mais de sentimentos do que do intelecto - e o hábito nelas inculcado em toda a sua vida, de considerar o efeito imediato sobre pessoas, e não os efeitos remotos sobre classes de pessoas - as tornam tanto incapazes de ver quanto sem vontade de admitir a tendência final para o mal de qualquer forma de caridade ou filantropia que se recomendam a seus sentimentos benevolentes. A grande e continuamente crescente massa de benevolência turva e míope que, ao tirar os cuidados com a vida das pessoas de suas próprias mãos e aliviando-as das desagradáveis consequências de seus próprios atos, minando os próprios fundamentos do respeito próprio, da autoajuda e do autocontrole, que são condições essenciais tanto para a prosperidade individual como para a virtude social, nesse desperdício de recursos e de sentimentos benevolentes em fazer o mal ao invés do bem, é em boa parte aumentada pelas contribuições das mulheres, e estimulada pela sua influência. Não que isso seja um erro passível de ser cometido pelas mulheres onde elas têm de fato a administração de esquemas de beneficência. Às vezes acontece de as mulheres que administram instituições públicas de caridade - com essa percepção no fato presente, e em especial nas mentes e nos sentimentos daquelas com os quais os sistemas de caridade estão em contato imediato, e no que as mulheres geralmente se destacam em relação aos homens - reconhecerem da maneira mais clara a influência desmoralizante das esmolas dadas ou da ajuda oferecida, e poderiam dar lições sobre o assunto a muitos economistas políticos homens. Mas seria de se esperar que as mulheres que apenas dão o seu dinheiro, e não se confrontam com o efeito que ele produz, possam prever tais efeitos? Uma mulher que nasceu para o atual quinhão feminino e se contenta com isso, como poderia apreciar o valor de depender de si mesma? Ela não depende de si mesma; não é ensinada a depender de si mesma; seu destino é receber tudo dos outros, e por que o que é bom o suficiente para ela deveria ser ruim para os pobres? As noções do bem que lhe são familiares são as de benesses que descendem de um superior. Ela esquece que não é livre, e que os pobres são; que se aquilo de que necessitam lhes é dado sem que o tenham ganhado com seu trabalho, não podem ser obrigados a ganhá-lo; que não é possível que todos sejam cuidados por todos, mas sim que deve haver algum motivo que induza as pessoas a cuidarem de si mesmas; e que serem auxiliadas a ajudar a si mesmas, se fisicamente capazes disso, é a única caridade que no final se mostrará caridade de fato.

12 Essas considerações mostram como seria útil que a parte que cabe às mulheres na formação da opinião geral fosse modificada para melhor por uma instrução mais ampla e por uma familiaridade maior com as coisas que são influenciadas por sua opinião, o que viria necessariamente de sua emancipação social e política. Mas a melhora que isso causa-

ria, pela influência que elas exercem cada uma em sua própria família, seria ainda mais notável.

13 Diz-se frequentemente que, nas classes mais expostas à tentação, a esposa e os filhos de um homem tendem a mantê-lo honesto e respeitável, tanto pela influência direta da mulher quanto pela preocupação deste com o futuro bem-estar daquele. Talvez seja assim, e sem dúvidas muitas vezes o é, com aqueles que são mais fracos do que perversos; e essa influência benéfica seria preservada e fortalecida sob leis igualitárias; não depende da servidão da mulher, mas é, pelo contrário, diminuída pelo desrespeito que a classe mais inferior dos homens sempre sente no íntimo em relação àqueles que estão sujeitos a seu poder. Mas quando ascendemos mais alto na escala, encontramos um sistema totalmente diferente de forças atuantes. A influência da esposa tende, até onde pode chegar, a evitar que o marido fique abaixo do padrão comum de aprovação do país. Tende, praticamente na mesma medida, a impedir que se eleve acima dele. A esposa é uma auxiliar da opinião pública comum. Um homem casado com uma mulher que lhe é inferior em inteligência, encontra nela um permanente peso morto, ou, pior do que isso, um fator que o arrasta de toda aspiração a ser melhor do que aquilo que a opinião pública lhe requer que seja. Dificilmente alguém que está sujeito a tais limitações poderá alcançar uma virtude elevada. Se ele difere da massa em sua opinião – se enxerga verdades que os demais ainda não viram, ou se, sentindo no íntimo verdades que os outros reconhecem apenas nominalmente, gostaria de agir mais consciente delas do que a humanidade como um todo –, para todos esses pensamentos e desejos o matrimônio é o mais pesado dos inconvenientes, a menos que ele seja tão afortunado a ponto de ter uma mulher tão acima da média quanto ele mesmo é.

14 Porque, em primeiro lugar, sempre será requerido algum sacrifício do interesse pessoal; seja como consequência social, seja em relação a meios pecuniários; talvez arriscando até mesmo os meios de subsistência. Ele pode estar disposto a enfrentar esses sacrifícios e riscos por si mesmo; mas hesitará antes de impô-lo à sua família. E sua família, neste caso, significa sua mulher e suas filhas; porque ele sempre espera que seus filhos se sentirão como ele mesmo se sente, e daquilo que ele está disposto a se privar, eles se privarão, de boa vontade, pela mesma causa. Mas suas filhas - o casamento delas pode depender disso; e sua esposa, que é incapaz de se aprofundar ou de compreender os objetivos pelos quais esses sacrifícios são feitos - se ela achar que valem qualquer sacrifício, pensaria assim em confiança e somente por causa dele - que não poderia participar em nada do entusiasmo ou da autoaprovação que possa sentir, enquanto as coisas que ele está disposto a sacrificar são todas para ela; quanto a ela, não hesitaria o melhor e mais altruísta dos homens muito antes de impor tal consequência? Mesmo que não estivessem em questão as comodidades da vida, mas apenas considerações sociais, a carga sobre sua consciência e sentimentos ainda seria muito pesada. Quem quer que tenha mulher e filhos, os têm como reféns da Senhora Grundy. A aprovação desse potentado pode lhe ser indiferente, mas é de grande importância para sua esposa. O homem pode, ele mesmo, estar acima da opinião, ou pode achar que lhe basta, em compensação, a opinião daqueles que pensam como ele. Mas para as mulheres ligadas a ele, ele não pode oferecer nenhuma compensação. A tendência quase invariável da esposa de atribuir à influência dela a mesma escala que a consideração social, é algumas vezes vista como uma censura às mulheres e repre-

sentada como um traço peculiar de fraqueza e infantilidade de caráter por parte delas: certamente uma grande injustiça. A sociedade faz de toda a vida de uma mulher, nas classes mais favorecidas, um contínuo autossacrifício; exige dela uma incessante coibição de todas as suas inclinações naturais, e o único retorno que lhe dá em troca de algo que merece ser chamado de martírio é consideração. A consideração por elas está inseparavelmente ligada à de seu marido, e depois de pagar por isso o preço integral, a mulher descobre que está a ponto de perdê-la, por um motivo que não considera convincente. Ela sacrificou toda a sua vida por isso, e seu marido não vai sacrificar nem mesmo um capricho, uma aberração, uma extravagância; algo não reconhecido ou permitido pelo mundo, e sobre o qual o mundo concordará com ela em pensar que é uma insensatez, se é que não considera coisa pior! O dilema é mais difícil para a muito meritória classe de homens que, sem ter os talentos que os habilitariam a fazer figura entre aqueles com cuja opinião concordam, sustentam sua opinião por convicção e se sentem obrigados, por honra e por consciência, a servi-la, fazendo disso profissão de fé e oferecendo seu tempo, seu trabalho e seus meios para que tudo se empreenda em seu favor. O pior de todos os casos ocorre quando esses homens estão em um nível ou em uma posição que por si mesma não os inclui nem exclui do que é considerado a melhor sociedade; quando a sua admissão a ela depende principalmente daquilo que se pensa sobre ele em termos pessoais – e, por mais irrepreensíveis que sejam sua criação e seus hábitos, é sua identificação com opiniões e comportamento público inaceitável por aqueles que dão o tom da sociedade que vai agir para a sua efetiva exclusão. Muitas mulheres que se gabam (nove em cada dez vezes, erroneamente) de que nada impediria que ela e seu marido chegassem à alta sociedade que existe em seu entorno - sociedade em que outros, que ela conhece bem, e que estão no mesmo nível de vida, se misturam livremente -, a não ser que seu marido seja infelizmente um dissidente ou tenha a reputação de se associar a políticas radicais de baixo nível. É isso, assim pensa ela, que impede George de conseguir uma comissão ou um posto, que Caroline encontre um pretendente vantajoso, e que não deixa que ela e seu marido recebam convites, talvez honrarias, às quais, em sua visão, têm o mesmo direito que certas pessoas. Com tal influência em cada casa, ou ativamente exercida ou operando com mais força ainda ao não ser afirmada de forma explícita, é de surpreender que as pessoas, de modo geral, se mantenham nessa medíocre respeitabilidade que se tornou a característica marcante dos tempos modernos?

15 Existe outro aspecto muito injurioso no qual deve ser considerado o efeito, não diretamente o das restrições às mulheres, mas o da ampla margem de diferença que essas restrições criam entre a educação e o caráter de uma mulher e o de um homem. Nada pode ser mais desfavorável do que essa união de pensamentos e inclinações que constitui o ideal da vida conjugal. Uma sociedade íntima entre pessoas radicalmente diferentes uma da outra é um sonho inútil. A falta de semelhança pode ser atraente, mas é a semelhança que mantém; e a adequação dos indivíduos para darem um ao outro uma vida feliz é proporcional à semelhança que existe entre eles. Sendo as mulheres tão diferentes dos homens, não é de se admirar que homens egoístas tenham sentido a necessidade de deter um poder arbitrário em suas mãos, para deter *in limine* o longo conflito entre inclinações, decidindo toda questão em função de sua própria preferência. Quando as pessoas são extremamente diferentes não pode haver

uma verdadeira identidade de interesses. Muitas vezes existe uma diferença consciente de opinião entre pessoas casadas quanto às altas questões que envolvem seus deveres. Será mesmo uma união matrimonial real aquela em que isso ocorre? Mas, em qualquer lugar, não é raro quando a mulher tem alguma seriedade de caráter; e é uma ocorrência muito generalizada em países católicos, quando ela é apoiada em sua dissidência pela única autoridade ante a qual ela é educada a se curvar, o padre. Com um habitual descaramento do poder que não está habituado a ser contestado, a influência dos padres sobre as mulheres é atacada por escritores protestantes e liberais, menos por ser ruim em si mesma do que por ser uma autoridade rival com a do marido, e que suscita uma revolta contra a sua infalibilidade. Na Inglaterra existem ocasionalmente diferenças similares quando uma esposa evangélica se une a um marido de outra denominação; mas, em geral, pelo menos essa fonte de dissensão é eliminada ao se reduzir a mente das mulheres a tal nulidade que elas passam a não ter opiniões, a não ser as da Senhora Grundy ou as que o seu marido lhes diz que devem ter. Quando não há diferença de opinião, as diferenças apenas de gosto podem ser suficientes para diminuir em grande medida a felicidade da vida matrimonial. E, embora isso possa estimular a propensão amorosa dos homens, exagerar as diferenças de educação, qualquer que seja a diferença original entre os sexos, não levará à felicidade conjugal. Se o casal for de pessoas bem criadas e comportadas, elas vão tolerar uma o gosto da outra; mas será que é tolerância mútua o que as pessoas estão procurando quando entram em um casamento? Essas diferenças de inclinação naturalmente farão com que suas vontades sejam diferentes, se não restringidas por afeição ou dever, em relação a quase todas as questões domésticas que irão surgir. Quanta diferença haverá na sociedade que cada uma dessas pessoas vai querer frequentar, ou ser por ela frequentada! Cada um desejará se associar com quem compartilha de seus próprios gostos: as pessoas que um considerar agradáveis serão indiferentes ou definitivamente desagradáveis para o outro; e não pode haver nenhuma que não seja aceita por ambos, porque as pessoas casadas não vivem agora em diferentes partes da casa nem têm listas diferentes de seus visitantes como no reinado de Luís XV. Não podem ter desejos diferentes sobre ter filhos; cada um desejará ver reproduzidos neles os seus próprios gostos e sentimentos; e haverá ou concessão, e consequentemente uma satisfação pela metade, para um, ou a mulher terá de se submeter – muitas vezes com amargo sofrimento; e, com ou sem intenção, sua influência oculta continuará a agir contra os propósitos do marido.

16 É claro que seria uma insensatez extrema supor que essas diferenças de sentimento e inclinação só existam porque as mulheres são educadas de maneira diferente da dos homens, e que não existiriam diferenças de gosto sob quaisquer circunstâncias imagináveis. Mas não seria exagero dizer que a distinção na educação agrava imensamente essas diferenças e as torna totalmente inevitáveis. Enquanto as mulheres forem educadas como são, um homem e uma mulher raramente encontrarão um no outro uma verdadeira afinidade de gostos e de vontades em relação à vida cotidiana. Eles geralmente terão de desistir, por irrealizável, e renunciar a tentativa de ter, em sua íntima associação para sua vida cotidiana, aquele *idem velle, idem nolle*, que é o reconhecido elemento de conexão em toda sociedade de fato: ou, se o homem tem êxito em obter isso, ele o consegue ao escolher uma mulher que é de uma nulidade tão completa que não tem absolutamente

nem *velle* nem *nolle*, e está disposta a consentir com um ou com outro se alguém lhe disser para fazer isso. Mesmo essa determinação está sujeita a falhar; a estupidez e a falta de espírito nem sempre são garantias para a submissão que tão confiantemente se espera delas. Mas se fossem, seria esse o ideal do casamento? O que, nesse caso, o homem obteria, exceto uma serva de nível superior, uma enfermeira ou uma amante? Ao contrário, quando cada uma das duas pessoas, em vez de não serem nada, são alguma coisa; quando são ligadas uma à outra e, para começar, não são muito diferentes umas das outras; o constante partilhar das mesmas coisas, com a ajuda da empatia de cada um, vai extrair de cada um as capacidades latentes de se interessar por coisas que a princípio só interessavam ao outro; e trabalha uma assimilação gradual dos gostos e características de um pelo outro, em parte com a despercebida modificação de cada um, porém mais pelo natural enriquecimento das duas naturezas, cada uma adquirindo os gostos e capacidades do outro como acréscimo aos seus próprios. Isso muitas vezes acontece entre dois amigos do mesmo sexo que estão muito associados em sua vida cotidiana; e seria um caso comum, se não o mais comum, no casamento, se a educação totalmente diferente dos dois sexos não tornasse impossível a formação de uma união realmente bem-estabelecida. Se isso fosse corrigido, quaisquer que fossem as diferenças que ainda pudessem existir entre os gostos individuais, haveria ao menos, como regra geral, completa união e unanimidade em relação aos grandes objetivos da vida. Quando as duas pessoas se preocupam, ambas, com os grandes objetivos, e se ajudam e estimulam reciprocamente em tudo o que a eles diz respeito, os assuntos menores sobre os quais seus gostos podem diferir não são tão importantes para elas; e há fundamento para uma sólida amizade de caráter duradouro que tem mais probabilidade do que qualquer outra coisa de, durante toda a vida, causar um prazer maior para quem dá prazer ao outro do que a quem o recebe do outro.

17 Considerei, até agora, os efeitos sobre os prazeres e benefícios da união matrimonial que dependem da mera dessemelhança entre a mulher e o marido: mas a tendência maligna é prodigiosamente agravada quando essa dessemelhança tem a forma de inferioridade. A mera falta de semelhança, quando significa apenas diferença entre boas qualidades, pode ser mais um benefício, no sentido de mútuo aprimoramento, do que um empecilho ao bem-estar. Quando cada um emula, deseja e se esforça para adquirir as qualidades peculiares do outro, a diferença não produz diversidade de interesses, mas sim um aumento da identidade entre os dois, fazendo com que cada um seja mais valioso para o outro. Mas, quando um é o mais inferior dos dois em habilidade mental e cultural e não conta com a ajuda ativa do outro para alcançar o nível deste, toda a influência de sua conexão sobre o desenvolvimento daquele que é superior está se deteriorando – e ainda mais em um casamento no qual a tolerância traz felicidade do que em um que não traz. Não é com impunidade que o superior em termos intelectuais se fecha com o inferior e o elege como seu escolhido, único e completamente íntimo associado. Qualquer sociedade que não está se aprimorando está se deteriorando, e mais o estará quanto for mais próxima e familiar. Mesmo um homem realmente superior sempre começa a se deteriorar quando é habitualmente (como a expressão é) o rei de sua companhia; e em sua companhia mais habitual, o marido que tem uma mulher inferior a ele sempre será assim. Enquanto, por um lado, a sua autossatisfação é

incessantemente alimentada, por outro, ele despercebidamente assimila os modos de sentir e de ver as coisas que pertencem a mentes mais vulgares e limitadas do que a dele. Esse mal difere de muitos dos que até agora foram tratados, por estar em crescimento. A associação de homens com mulheres na vida cotidiana está mais próxima e completa do que sempre foi. A vida do homem está mais doméstica. Antigamente, os seus prazeres e as atividades que escolhia eram entre homens, e na companhia de homens; suas mulheres não tinham mais do que fragmentos de suas vidas. Na atualidade, o progresso da civilização e a virada de opinião contra as diversões mais grosseiras e os excessos festivos que antes ocupavam a maioria dos homens em suas horas de relaxamento – juntamente com (é preciso dizer) o tom aprimorado do sentimento moderno quanto à reciprocidade de deveres que liga o marido à mulher – trouxeram o homem muito mais para dentro de casa e para seus familiares, em seus prazeres pessoais e sociais: enquanto o tipo e grau de melhora que houve na educação das mulheres as tornou, em certa medida, capazes de serem suas companheiras em ideias e preferências mentais, deixando-as, ainda, na maioria dos casos, inevitavelmente inferiores a ele. Assim, seu desejo de comunhão mental se satisfaz, em geral, com uma comunhão da qual ele nada aprende. Uma sociedade com seus iguais em poder e seus companheiros em grandes propósitos (que, se fosse de outra maneira, ele seria obrigado a buscar) é substituída por uma companhia que não se aprimora e não estimula. Vemos, portanto, que homens jovens e promissores geralmente deixam de se aprimorar assim que se casam e, não se desenvolvendo, inevitavelmente degeneram. Se a mulher não empurra o marido para a frente, ela sempre o mantém atrás. Ele deixa de se preocupar com aquilo que ela não se preocupa; ele não deseja mais, e acaba por desgostar e se esquivar de uma sociedade compatível com suas antigas aspirações, e das quais agora se envergonharia; suas faculdades superiores, tanto mentais quanto emocionais, deixam de ser chamadas à atividade. E essa mudança coincide com os novos e egoísticos interesses que são criados por sua família, e depois de alguns poucos anos ele não se diferencia em nenhum aspecto material daqueles que nunca desejaram coisa alguma a não ser as futilidades e os objetivos pecuniários mais comuns.

18 O que o casamento pode ser no caso de duas pessoas de faculdades cultivadas, idênticas em opiniões e propósitos, entre as quais exista a melhor forma de igualdade, equivalência de poderes e capacidades com superioridades recíprocas – para que cada uma possa desfrutar do luxo de poder olhar para o outro, e ter alternadamente o prazer de conduzir e de ser conduzida no caminho do desenvolvimento – não tentarei descrever. Para aqueles que podem concebê-lo, isso não seria necessário; para aqueles que não podem, lhes pareceria o sonho de um entusiasta. Mas mantenho, com a mais profunda convicção, que isso, e somente isso, é o ideal do casamento; e que todas as opiniões, costumes e instituições que favorecem qualquer outra noção, ou desviam para outra direção os conceitos e as aspirações envolvidos, sejam quais forem as pretensões que possam ser pintadas, são relíquias da primitiva barbárie. A regeneração moral da humanidade só começará realmente quando a mais fundamental de todas as relações sociais estiver sob a regra de uma justiça igualitária, e quando os seres humanos aprenderem a cultivar a sua mais forte empatia para com um igual em direitos e em cultura.

19 Até o momento, os benefícios que aparentemente o mundo ganharia se deixasse de

fazer do gênero uma desqualificação para obter privilégios e uma insígnia de sujeição seriam mais sociais do que individuais; consistindo em um aumento da fonte geral do pensamento e do poder de agir, e uma melhora nas condições gerais da associação dos homens com as mulheres. Mas seria uma grave subestimação, no caso, omitir o benefício mais direito de todos, o indescritível ganho da felicidade particular para a metade da espécie libertada; a diferença, para elas, entre uma vida de sujeição à vontade dos outros e uma vida de liberdade racional. Depois das necessidades primárias de alimentação e vestimenta, a liberdade é a primeira e mais forte carência da natureza humana. Enquanto a humanidade não tinha leis, seu desejo era por uma liberdade sem leis. Quando aprenderam a compreender o significado do dever e o valor da razão, os seres humanos tenderam cada vez mais a ser guiados e restringidos por eles no exercício de sua liberdade; mas seu desejo de liberdade não diminuiu; não ficaram mais dispostos a aceitar as vontades de outras pessoas como representativas e intérpretes daqueles princípios que os guiavam. Pelo contrário, as comunidades nas quais a razão foi mais cultivada e o conceito do dever social foi mais poderoso são aquelas que mais fortemente afirmaram a liberdade de ação do indivíduo – a liberdade de cada um orientar sua conduta por seus próprios sentimentos de dever e por aquelas leis e restrições sociais que sua própria consciência possa subscrever.

20 Aquele que corretamente apreciar o valor da independência pessoal como um elemento de felicidade deveria considerar esse valor que atribui como um ingrediente de sua própria felicidade. Não há questão sobre a qual exista maior diferença habitual de julgamento do que aquela que há entre um homem que julga olhando para si mesmo e o mesmo homem quando julga olhando para

outras pessoas. Quando ouve outros reclamando que a eles não é permitida a liberdade de ação - de que sua própria vontade não tem influência suficiente na regulamentação de seus assuntos - sua inclinação é perguntar: De que eles se ressentem? Qual o dano real que eles alegam? E em que aspecto consideram que seus assuntos foram malconduzidos? E se eles não conseguirem compreender, em resposta a essas perguntas, aquilo que lhes parece um caso suficiente, ele vai fazer ouvidos moucos e considerar sua reclamação uma fantasiosa queixa de pessoas a quem nada que for razoável vai satisfazer. Mas ele tem um padrão de julgamento bem diferente quando está decidindo algo que diz respeito a si mesmo. Então, nem a mais comum administração de seus interesses por um tutor ao qual esteja subordinado irá satisfazer seus sentimentos: a sua exclusão pessoal da autoridade decisória, por si mesma, lhe parecerá a maior de todas as queixas, tornando supérfluo até mesmo levantar a questão da má administração. O mesmo acontece com as nações. Que cidadão de um país livre escutaria qualquer oferta de uma boa e hábil administração em troca da abdicação da liberdade? Mesmo que acreditasse que possa existir uma boa e hábil administração para pessoas que são governadas por uma vontade que não é a sua, não teria consciência de que conduzir seu próprio destino sob sua própria responsabilidade moral seria uma compensação para suas insatisfações com a grande precariedade e imperfeição nos detalhes dos assuntos públicos? Que ele esteja certo de que tudo que possa sentir sobre isso, as mulheres sentem em igual medida. O que quer que tenha sido dito ou escrito, desde o tempo de Heródoto até o presente, sobre a influência enobrecedora de um governo livre - a coragem e o impulso que isso dá a todas as faculdades, os objetivos maiores e mais elevados que apresenta ao intelecto e aos sentimentos, o espírito público mais altruísta e as visões mais ponderadas e amplas do que é o dever que isso gera, e a plataforma mais elevada que faz o indivíduo ascender como um ser moral, espiritual e social – é, em cada partícula, tão verdadeiro para as mulheres quanto para os homens. Essas coisas não são parte importante da felicidade individual? Que cada homem relembre o que ele mesmo sentiu ao emergir da infância – da tutela e do controle, mesmo que de pessoas mais velhas amadas e afetuosas – ao assumir as responsabilidades da vida adulta. Não foi igual ao efeito físico de soltar um grande peso, ou de se livrar de laços obstrutivos, mesmo que não dolorosos? Ele não se sentiu duas vezes mais vivo, duas vezes mais humano, do que antes? E será que ele imagina que as mulheres não têm nenhum desses sentimentos? Mas é um fato marcante que as satisfações e as mortificações do orgulho pessoal, embora sejam tudo para a maioria dos homens quando se trata deles mesmos, têm menos consideração no caso de outras pessoas, e são menos consideradas como um motivo ou uma justificativa de conduta, do que qualquer outro sentimento humano natural; talvez seja porque os homens enaltecem tanto a si mesmo atribuindo-se muitas outras qualidades que raramente têm consciência de quão poderosa é a influência que esses sentimentos exercem sobre suas próprias vidas. Sua influência não é menor nem menos poderosa, podemos nos assegurar, nas vidas e nos sentimentos das mulheres. As mulheres são educadas para suprimi-los no que têm de mais natural e mais saudável, mas o princípio interno permanece em uma expressão externa diferente. Uma mente ativa e enérgica, se a liberdade lhe for negada, irá em busca do poder: se lhe é recusado o comando de si mesma, irá afirmar sua personalidade tentando controlar os outros.

Não permitir a um ser humano uma existência própria a não ser no que depende dos outros é dar um prêmio muito alto à submissão dos outros aos seus propósitos. Onde a liberdade não pode ser esperada, mas o poder sim, o poder se torna o grande objeto do desejo humano; aqueles aos quais os outros não permitirão uma condução sem interferências de seus próprios assuntos irão se compensar, se puderem, intrometendo-se, com seus próprios propósitos, nos assuntos dos outros. Daí também a paixão das mulheres pela beleza pessoal, pela vestimenta e pela apresentação; e todos os males daí emanados, na forma de luxo malicioso e da imoralidade social. O amor ao poder e o amor à liberdade estão em eterno antagonismo. Onde há menos liberdade, a paixão pelo poder é mais ardente e inescrupulosa. O desejo de poder sobre os outros só deixará de ser um agente de depravação entre os homens quando cada um deles, individualmente, for capaz de abdicar dele; o que só poderá acontecer onde o respeito pela liberdade nas preocupações pessoais de cada um seja um princípio estabelecido.

21 Mas não é apenas pelo sentimento de dignidade pessoal que a livre-orientação e disposição de suas próprias faculdades é a fonte da felicidade individual, e, se for acorrentada e restringida, será uma fonte de infelicidade para os seres humanos, e não menos para as mulheres. Não há nada, depois da doença, da indigência e da culpa, tão fatal para o prazer da vida quanto o desejo de uma saída digna para as faculdades ativas. As mulheres que cuidam da família, e enquanto estiverem nesse afazer, terão tal saída, e geralmente isso será suficiente para elas: mas e o número crescente de mulheres que não tiveram oportunidade de exercer sua vocação, e que são ridicularizadas quando dizem que essa é sua verdadeira vocação? E as mulheres que per-

deram os filhos para a morte ou por distanciamento, ou cujos filhos já cresceram, se casaram e formaram seus próprios lares? Há exemplos abundantes de homens que, depois de uma vida ocupada pelos negócios, se aposentam com renda suficiente para, como esperam, sustentar seu descanso; mas para quem é incapaz de adquirir novos interesses e emoções que possam substituir os antigos, a mudança para uma vida de inatividade traz tédio, melancolia e uma morte prematura. Mas ninguém pensa no caso análogo de mulheres tão valorosas e dedicadas que, tendo pagado o que lhes dizem ser sua dívida para com a sociedade - por ter educado impecavelmente uma família para a masculinidade e para a feminilidade - por ter mantido uma casa enquanto havia necessidades domésticas a serem atendidas - ao serem afastadas da única ocupação para a qual se haviam adequado, preservam uma não diminuída capacidade de ação, mas sem emprego para ela, a menos que talvez uma nora esteja disposta a abdicar em seu favor o desempenho das mesmas funções em seu jovem lar. Certamente um pesado quinhão para a idade avançada de quem se eliminou valorosamente, enquanto lhe cabia se eliminar, do que o mundo contabiliza como seu único dever social. Dessas mulheres, e daquelas a quem não se incumbiram quaisquer desses deveres - muitas das quais se lamentam na vida com a consciência de suas vocações frustradas, e de atividades que não têm como expandir -, os únicos recursos são, de modo geral, a religião e a caridade. Mas sua religião, embora possa ser de sentimento e de observância cerimonial, não pode ser uma religião de ação, a não ser na forma de caridade. Para a caridade, muitas delas são por natureza admiravelmente adequadas; mas sua prática proveitosa, ou até mesmo sem desvios, requer a educação, a múltipla preparação, o conhecimento e o poder de pensamento de um competente administrador. Existem poucas funções administrativas de governo para as quais uma pessoa não seja apta se for adequada a ministrar a caridade de modo proveitoso. Nesse, como em outros casos (proeminentemente no da educação das crianças), os deveres permitidos às mulheres não podem ser desempenhados adequadamente sem que elas sejam preparadas para funções que, para grande parte da sociedade, não lhes são permitidas. E aqui me permito informar o modo singular com que a questão das restrições das mulheres é frequentemente apresentada por aqueles que acham mais fácil traçar um retrato absurdo daquilo que não gostam de responder sobre o que se argumenta contra isso. Quando se sugere que as capacidades executivas e os conselhos prudentes das mulheres podem por vezes ser considerados valiosos nos assuntos de Estado, esses amantes da diversão se agarram ao que seria ridículo para o mundo, como estarem no parlamento ou no governo moças adolescentes, ou jovens esposas de 22 ou 23 anos que passaram diretamente, exatamente como são, da sala de visitas para a Câmara dos Comuns. Eles esquecem que homens nessa idade não costumam ser selecionados para uma cadeira no parlamento ou funções políticas de responsabilidade. O bom-senso lhes diria que, se tais encargos fossem confiados às mulheres, seria àquelas que não tivessem vocação especial para a vida conjugal, ou que preferissem dar outro uso a suas faculdades (assim como muitas mulheres agora preferem algumas das poucas ocupações honrosas a seu alcance, ao casamento), tendo passado os melhores anos de sua juventude na tentativa de se qualificarem para as ocupações nas quais pretendiam se engajar; ou, talvez ainda mais frequentemente, viúvas ou mulheres de quarenta ou cinquenta anos, para quem o conhecimento da vida e a aptidão para administrar que adquiriram em suas famílias poderiam ser um auxílio para estudos mais apropriados tornados disponíveis em uma escala menos limitada. Não há país na Europa no qual os homens mais capazes não tenham muitas vezes recorrido, e apreciado imensamente, o valor do conselho e da ajuda de mulheres inteligentes e experientes do mundo para atingir objetivos tanto privados quanto públicos; e há assuntos importantes de administração pública para os quais poucos homens são igualmente competentes como tais mulheres; entre outros, o do controle detalhado das despesas. Mas o que estamos discutindo agora não é a necessidade que a sociedade tem dos serviços das mulheres nos negócios públicos, mas a vida monótona e sem esperança que tão frequentemente as condena, proibindo-as de exercer as aptidões práticas de que são muito conscientes de ter, em qualquer campo mais amplo do que aquele que para algumas delas nunca esteve, e para outras já não está mais, aberto. Se existe algo de vital importância para a felicidade dos seres humanos, é que eles possam fruir daquilo que habitualmente buscam. Esse requisito para uma vida agradável não é perfeitamente garantido, ou é de todo negado, a uma grande parte da humanidade; e pela ausência dele muitas vidas são um fracasso, mesmo que aparentemente providas de todos os requisitos para o sucesso. Mas se as circunstâncias que a sociedade ainda não está suficientemente capacitada para superar tornam tais fracassos, no presente, muitas vezes inevitáveis, a sociedade não deveria infligi-los a si mesma. A insensatez dos pais e inexperiência própria da juventude ou a ausência de oportunidades externas para uma vocação compatível e sua ocorrência para as incompatíveis condenam numerosos homens a passar a vida fazendo algo relutantemente e mal, quando existem outras coisas que poderiam fazer bem e com felicidade. Mas, para as mulheres, essa sentença lhes é imposta por lei, e por costumes equivalentes à lei. O que, em sociedades incultas, a cor, a raça, a religião, ou, no caso de um país conquistado, a nacionalidade, representam para alguns homens, o sexo representa para todas as mulheres: uma exclusão peremptória de quase todas as ocupações honrosas, a não ser aquelas que não podem ser cumpridas por outros, ou que outros não achem que mereçam ser aceitas por eles. Os sofrimentos decorrentes de causas dessa natureza geralmente despertam tão pouca simpatia que são poucas as pessoas que têm consciência da grande quantidade de infelicidade que mesmo agora é causada pelo sentimento de uma vida desperdiçada. Esse caso será ainda mais frequente na medida em que uma crescente ilustração criar uma desproporção cada vez maior entre as ideias e as faculdades das mulheres e o alcance que a sociedade permite para a sua atividade.

22 Quando consideramos o mal efetivo causado à metade desqualificada da raça humana por essa desqualificação – primeiro na perda do mais inspirador e elevado tipo de prazer pessoal, e em seguida no cansaço, desapontamento e profunda insatisfação com a vida, que muitas vezes são o substituto desta –, sente-se que, entre todas as lições de que o homem necessita para continuar a luta contra as inevitáveis imperfeições de seu quinhão na terra, não há lição de que mais precise do que a de não acrescentar os males que a natureza inflige com suas recíprocas restrições por inveja e preconceito. Seus vãos temores apenas vêm, inutilmente, substituir os males que lhes causam apreensão por outros ainda piores; enquanto cada restrição à liberdade de conduta de qualquer um de seus semelhantes humanos (em vez de fazê-los responsáveis por qualquer mal real-

mente causado por isso), faz secar *pro tanto* a fonte principal da felicidade humana e deixa a espécie menos rica, em considerável medida, em tudo o que torna a vida valiosa para o ser humano como indivíduo.

Índice onomástico*

* O primeiro número indica o capítulo; o segundo, o parágrafo.

Vozes de Bolso

- *Assim falava Zaratustra* – Friedrich Nietzsche
- *O príncipe* – Nicolau Maquiavel
- *Confissões* – Santo Agostinho
- *Brasil: nunca mais* – Mitra Arquidiocesana de São Paulo
- *A arte da guerra* – Sun Tzu
- *O conceito de angústia* – Søren Aabye Kierkegaard
- *Manifesto do Partido Comunista* – Friedrich Engels e Karl Marx
- *Imitação de Cristo* – Tomás de Kempis
- *O homem à procura de si mesmo* – Rollo May
- *O existencialismo é um humanismo* – Jean-Paul Sartre
- *Além do bem e do mal* – Friedrich Nietzsche
- *O abolicionismo* – Joaquim Nabuco
- *Filoteia* – São Francisco de Sales
- *Jesus Cristo Libertador* – Leonardo Boff
- *A Cidade de Deus* – Parte I – Santo Agostinho
- *A Cidade de Deus* – Parte II – Santo Agostinho
- *O conceito de ironia constantemente referido a Sócrates* – Søren Aabye Kierkegaard
- *Tratado sobre a clemência* – Sêneca
- *O ente e a essência* – Santo Tomás de Aquino
- *Sobre a potencialidade de alma* – De quantitate animae – Santo Agostinho
- *Sobre a vida feliz* – Santo Agostinho
- *Contra os acadêmicos* – Santo Agostinho
- *A Cidade do Sol* – Tommaso Campanella
- *Crepúsculo dos ídolos ou Como se filosofa com o martelo* – Friedrich Nietzsche
- *A essência da filosofia* – Wilhelm Dilthey
- *Elogio da loucura* – Erasmo de Roterdã
- *Utopia* – Thomas Morus
- *Do contrato social* – Jean-Jacques Rousseau
- *Discurso sobre a economia política* – Jean-Jacques Rousseau
- *Vontade de potência* – Friedrich Nietzsche
- *A genealogia da moral* – Friedrich Nietzsche
- *O banquete* – Platão
- *Os pensadores originários* – Anaximandro, Parmênides, Heráclito
- *A arte de ter razão* – Arthur Schopenhauer
- *Discurso sobre o método* – René Descartes
- *Que é isto – A filosofia?* – Martin Heidegger
- *Identidade e diferença* – Martin Heidegger
- *Sobre a mentira* – Santo Agostinho
- *Da arte da guerra* – Nicolau Maquiavel

- *Os direitos do homem* – Thomas Paine
- *Sobre a liberdade* – John Stuart Mill
- *Defensor menor* – Marsílio de Pádua
- *Tratado sobre o regime e o governo da cidade de Florença* – J. Savonarola
- *Primeiros princípios metafísicos da Doutrina do Direito* – Immanuel Kant
- *Carta sobre a tolerância* – John Locke
- *A desobediência civil* – Henry David Thoureau
- *A ideologia alemã* – Karl Max e Friedrich Engels
- *O conspirador* – Nicolau Maquiavel
- *Discurso de metafísica* – Gottfried Wilhelm Leibniz
- *Segundo tratado sobre o governo civil e outros escritos* – John Locke
- *Miséria da filosofia* – Karl Marx
- *Escritos seletos* – Martinho Lutero
- *Escritos seletos* – João Calvino
- *Que é a literatura?* – Jean-Paul Sartre
- *Dos delitos e das penas* – Cesare Beccaria
- *O anticristo* – Friedrich Nietzsche
- *À paz perpétua* – Immanuel Kant
- *A ética protestante e o espírito do capitalismo* – Max Weber
- *Apologia de Sócrates* – Platão
- *Da república* – Cícero
- *O socialismo humanista* – Che Guevara
- *Da alma* – Aristóteles
- *Heróis e maravilhas* – Jacques Le Goff
- *Breve tratado sobre Deus, o ser humano e sua felicidade* – Baruch de Espinosa
- *Sobre a brevidade da vida & Sobre o ócio* – Sêneca
- *A sujeição das mulheres* – John Stuart Mill
- *Duas viagens*– Hans Staden
- *Sobre a prudência* – Santo Tomás de Aquino
- *Discurso sobre a origem e os fundamentos da desigualdade entre os homens* – Jean-Jacques Rousseau

CATEQUÉTICO PASTORAL

Catequese – Pastoral
Ensino religioso

CULTURAL

Administração – Antropologia – Biografias
Comunicação – Dinâmicas e Jogos
Ecologia e Meio Ambiente – Educação e Pedagogia
Filosofia – História – Letras e Literatura
Obras de referência – Política – Psicologia
Saúde e Nutrição – Serviço Social e Trabalho
Sociologia

TEOLÓGICO ESPIRITUAL

Biografias – Devocionários – Espiritualidade e Mística
Espiritualidade Mariana – Franciscanismo
Autoconhecimento – Liturgia – Obras de referência
Sagrada Escritura e Livros Apócrifos – Teologia

REVISTAS

Concilium – Estudos Bíblicos
Grande Sinal – REB

PRODUTOS SAZONAIS

Folhinha do Sagrado Coração de Jesus
Calendário de mesa do Sagrado Coração de Jesus
Agenda do Sagrado Coração de Jesus
Almanaque Santo Antônio – Agendinha
Diário Vozes – Meditações para o dia a dia
Encontro diário com Deus
Guia Litúrgico

VOZES NOBILIS

Uma linha editorial especial, com importantes autores, alto valor agregado e qualidade superior.

VOZES DE BOLSO

Obras clássicas de Ciências Humanas em formato de bolso.

CADASTRE-SE
www.vozes.com.br

EDITORA VOZES LTDA.
Rua Frei Luís, 100 – Centro – Cep 25689-900 – Petrópolis, RJ
Tel.: (24) 2233-9000 – Fax: (24) 2231-4676 – E-mail: vendas@vozes.com.br

UNIDADES NO BRASIL: Belo Horizonte, MG – Brasília, DF – Campinas, SP – Cuiabá, MT
Curitiba, PR – Fortaleza, CE – Goiânia, GO – Juiz de Fora, MG
Manaus, AM – Petrópolis, RJ – Porto Alegre, RS – Recife, PE – Rio de Janeiro, RJ
Salvador, BA – São Paulo, SP